Eine Arbeitsgemeinschaft der Verlage

Böhlau Verlag · Wien · Köln · Weimar
Verlag Barbara Budrich · Opladen · Toronto
facultas.wuv · Wien
Wilhelm Fink · München
A. Francke Verlag · Tübingen und Basel
Haupt Verlag · Bern · Stuttgart · Wien
Julius Klinkhardt Verlagsbuchhandlung · Bad Heilbrunn
Mohr Siebeck · Tübingen
Nomos Verlagsgesellschaft · Baden-Baden
Ernst Reinhardt Verlag · München · Basel
Ferdinand Schöningh · Paderborn · München · Wien · Zürich
Eugen Ulmer Verlag · Stuttgart
UVK Verlagsgesellschaft · Konstanz, mit UVK / Lucius · München
Vandenhoeck & Ruprecht · Göttingen · Bristol
vdf Hochschulverlag AG an der ETH Zürich

UTB Profile

Michael Tilly

Apokalyptik

A. Francke Verlag Tübingen und Basel

Prof. Dr. Michael Tilly ist Professor für Neues Testament und Antikes Judentum an der Eberhard Karls Universität Tübingen.

Bibliografische Information der Deutschen Nationalbibliothek
Die Deutsche Nationalbibliothek verzeichnet diese Publikation in der Deutschen Nationalbibliografie; detaillierte bibliografische Daten sind im Internet über http://dnb.dnb.de abrufbar.

Dischingerweg 5 · D-72070 Tübingen

Gedruckt auf chlorfrei gebleichtem und säurefreiem Werkdruckpapier.

Internet: http://www.francke.de
E-Mail: info@francke.de

Titelabbildung: Holzschnitt aus der Werkstatt Lucas Cranachs zur Offenbarung des Johannes, Kap. 19 (Lutherbibel von 1534 aus der Herzogin Anna Amalia Bibliothek in Weimar)
Einbandgestaltung: Atelier Reichert, Stuttgart
Satz: Arnold & Domnick, Leipzig
Druck und Bindung: fgb • freiburger graphische betriebe
Printed in Germany

UTB-Nr.: 3651
ISBN 978-3-8252-3651-9

Inhalt

Einführung

»This is the way the world ends
Not with a bang but a whimper.«
T. S. Eliot, The Hollow Men

»Am 21. Dezember 2012 geht die Welt unter.« Auch wenn die geheimnisvollen Hieroglyphen auf dem von Raubgräbern in Mexiko entdeckten Bruchstück einer alten Steintafel (*Tortuguero Monument 6*), die angeblich eine uralte Berechnung des Weltuntergangstermins enthalten, in Wirklichkeit nur den Übergang einer bestimmten Gottheit in ein neues Zeitalter ankündigen, stoßen Deutungen dieser und weiterer Mayaschriften als spektakuläre »apokalyptische« Prophezeiungen des nahen Weltendes auf eine überaus breite Resonanz. Die Verknüpfung solcher vermeintlich »wissenschaftlichen« Spekulationen mit allerlei Weltuntergangsängsten und kruden Weltvernichtungsphantasien hat mittlerweile Eingang in sämtliche Bereiche der populärkulturellen Allgemeinbildung gefunden, vor allem in der westlichen Welt.

Mit dem Begriff »Apokalypse« assoziiert man hier häufig Krisen von universalem Ausmaß, grelle Schreckensbilder und abseitige Weltbetrachtungen sowie Endgerichtserwartungen destruktiver Kulte. Aber auch viele bedeutende geschichtliche Entwicklungen und wichtige Bereiche der modernen Gesellschaft und Kultur lassen sich als direkte Reflexe »apokalyptischer« Hoffnungen und Ängste deuten. Aus diesem Grund kommt dem Mentalitätsphänomen »Apokalyptik« nicht nur im Kontext religionswissenschaftlicher, theologischer und philosophischer Studien eine große Bedeutung zu. Vielmehr ist seine eingehende Untersuchung auch für die Geschichts-, Kultur- und Literaturwissenschaft von hoher Relevanz, insbesondere im Hinblick auf die individuelle und kollektive Deutung und Bewältigung aktueller Krisen und Unglückssituationen.

Stets übten bildgewaltige Vorstellungen vom drohenden Untergang dieser Welt und dem Kommen einer neuen, besseren Welt eine große Faszination auf die Menschheit aus. In nahezu allen Kulturkreisen und während der gesamten fassbaren Geschichte der Zivilisation begegnen die unterschiedlichsten Spekulationen über die Vorzeichen, den Zeitpunkt und den Verlauf des Weltuntergangs. Zugleich stellt man bei der Lektüre von Texten, die dieser Vorstellung Ausdruck verleihen, immer wieder fest, dass es hier nicht nur um den Termin der bevorstehenden Katastrophe geht, sondern auch um ihre Bedeutung für die Gestaltung der Gegenwart.

Der vorliegende Band enthält eine umfassende und sachlich geordnete religionsgeschichtliche Darstellung der Wurzeln, Bedeutungen und Funktionen des schillernden Begriffes »Apokalyptik« von der Antike bis in unsere Zeit. Dabei erfährt der aktuelle Stand der weit verzweigten Apokalyptikforschung eine intensive Beleuchtung, ohne dass sich jedoch die Darstellung in Einzelheiten verliert. Die Untersuchung konzentriert sich auf eine präzise Beschreibung der Entstehung und Ausprägung der apokalyptischen Vorstellungswelt im antiken Judentum und im frühen Christentum, der Formen, Inhalte und Zeugnisse der reichhaltigen apokalyptischen Literatur und der bunten und lebendigen Vielfalt apokalyptischer Weltdeutungen und Bewegungen in Geschichte und Gegenwart. Ein praxisorientierter Schlussteil fragt nach den Voraussetzungen und Möglichkeiten der Behandlung des Themas im Unterricht.

Während sämtlicher Stadien der Abfassung dieses Bandes waren mir die zahlreichen fruchtbaren Diskussionen mit Studierenden und Lehrenden immer wieder eine unschätzbare Hilfe und Bereicherung. Mein besonderer Dank gilt meinem verehrten Lehrer Prof. Dr. Dr. Otto Böcher, meinen geschätzten Freunden und Kollegen Prof. Dr. Marco Frenschkowski, Prof. Dr. Tobias Nicklas und Dr. Paul Metzger, meinen Mitarbeitern Marietta Hämmerle, Luke Neubert und Daniel Schumann sowie Nadja Coors, Julian Elschenbroich, Nancy Rahn, Eva Schröder und Johanna Schwarz. Gewidmet ist das Buch den Studentinnen und Studenten des 38. Theologischen Studienjahres an der Dormition Abbey in Jerusalem, deren wissenschaftliche Neugier und Diskussionsbereitschaft entscheidend dazu beigetragen haben, dass meine Darstellung der apokalyptischen Zukunftserwartungen die aktuellen Fragen und Interessen der Studierenden nicht aus dem Blick verliert.

Tübingen, im Juni 2012 Michael Tilly

1

Apokalyptik als religionsgeschichtliches Phänomen

Das Kunstwort *Apokalyptik* entstammt nicht der antiken Terminologie. Ebenso wie der von ihm abgeleitete Begriff *Apokalyptiker*, der einen Angehörigen der *apokalyptischen Bewegung* bezeichnet, ist es zunächst ein offener heuristischer Begriff ohne feststehende Bedeutung.

Erst seit dem 19. Jh. werden die Wörter von christlichen Gelehrten in deskriptiver Weise mit einer bestimmten Literaturgattung bzw. mit der Textsorte *Apokalypse*, mit einer theologiegeschichtlichen Phase oder mit einer geistigen bzw. religiösen Strömung mit besonderen inhaltlichen, historischen oder ideologischen Merkmalen in Verbindung gebracht. Als *Apokalyptiker* gelten dabei nicht nur die Verfasser von *Apokalypsen*, sondern auch alle Gruppen und Individuen, die als Trägerkreise und primäre Adressaten des in diesen Schriften zum Ausdruck kommenden religionsgeschichtlichen Phänomens, nämlich der apokalyptischen Vorstellungswelt, gelten können. Unter dem Begriff *apokalyptische Eschatologie* werden ihre spezifischen Zukunfts- und Endzeiterwartungen zusammengefasst.

Literatur

McGinn, Bernard / Collins, John J. / Stein, Stephen J. (Hg.), The Encyclopedia of Apocalypticism, 3 Bde., London / New York 2000–2003.

Die Entstehung des Begriffs Apokalyptik

Am Anfang der Johannesoffenbarung (Apk 1,1) heißt es: »*Offenbarung Jesu Christi, die Gott ihm gegeben hat, um seinen Knechten zu zeigen, was in Kürze geschehen soll.*« Der hier mit »Offenbarung« übersetzte griechische Begriff Ἀποκάλυψις / *apokálypsis* bedeutet – ebenso wie sein lateinisches Pendant *revelatio* – in den antiken Texten eine »Aufdeckung« und »Enthüllung« göttlicher Geheimnisse, daneben aber auch eine »Entschleierung« oder »Entdeckung«. Der jüdische Philosoph Martin Buber (1878–1965) verwendete als Übersetzung den Begriff »Entbergung«. Mit dem dazugehörigen Verb ἀποκαλύπτειν / *apokalýptein* »aufdecken«, »enthüllen« können nicht nur religiös bedeutsame Inhalte, sondern auch profane Dinge wie das Entblößen des Kopfes oder das Aufdecken des Bettes zum Ausdruck gebracht werden.

Der Begriff »Apokalypse« ist in Apk 1,1 nicht als Buchüberschrift oder als literarische Kategorie gemeint, sondern allein als positive Inhaltsangabe. Gleichsam als vorderer Teil einer literarischen Klammer umgreift das Wort den Inhalt dieses Buches, indem es als anfängliche Kennzeichnung der visionären Christusbegegnung des Sehers von Patmos mit dem abschließenden Verbot der Geheimhaltung des Gesehenen in Apk 22,10 korrespondiert. Es bezeichnet zugleich den Inhalt des frühchristlichen Textes, nämlich eine literarisch fixierte Enthüllung des erhofften Erlösungsgeschehens, die Jesus Christus selbst dem Verfasser visionär geoffenbart habe. Es ist erstaunlich, dass weder das Substantiv »Offenbarung« noch das Verb »offenbaren« in der Johannesoffenbarung an irgendeiner weiteren Stelle noch einmal gebraucht werden. Und es ist umstritten, ob der Inhalt und die Funktion des letzten Buches der christlichen Bibel überhaupt dem entsprechen, was man heute gemeinhin unter dem literarischen Gattungsbegriff »Apokalypse« versteht (s. u. 49 ff.).

Zwischen dem ursprünglichen antiken griechischen und dem gegenwärtigen deutschen Gebrauch des Wortes »Apokalypse«, insbesondere im medialen Alltag und in der politischen Rhetorik, besteht eine bedeutsame inhaltliche Differenz. Keinesfalls bedeutet das altgriechische Wort nämlich ein endgültiges und alles vernichtendes globales Unglück, ein schockierendes Menschheitsverbrechen oder gar den drohenden Untergang der Zivilisation und der ganzen Welt. Auch dient es nicht der Bezeichnung einer horoskopartigen Zukunftsdeutung oder einer negativen Utopie (s. u. 55). Wüste Schreckensbilder und grelle Weltuntergangsdarstellungen sind nämlich nur fakultative Teilbereiche apokalyptischer Texte und Überzeugungen. Der umgangssprachliche und auch immer wieder in den Medien anzutreffende Gebrauch des religiösen Begriffs »Apokalypse« als dramaturgisch motiviertes Modewort zur öffentlichkeitswirksamen Bezeichnung eines Angst und Schrecken erregenden Weltuntergangsszenarios stellt deshalb eigentlich eine unzulässige Verkürzung dar. Nebenbei ist anzumerken, dass auch der altgriechische Begriff »Katastrophe« zunächst kein besonders schlimmes Unglück bezeichnet, sondern eine »Umwälzung« der Welt, wie wir sie kennen.

Die ursprüngliche Bedeutung des Begriffes »Apokalypse« hat mit seinem heutigen Gebrauch nicht viel zu tun. Ausgehend vom ersten Vers der Johannesoffenbarung wurde »Apokalypse« in der christlichen Theologie seit der Antike zunächst zur Sammelbezeichnung für eine literarische Gattung. Diese Gattungsbezeichnung wiederum wurde bald auf inhaltlich und formal mit dem letzten Buch der christlichen Bibel verwandt wirkende antike jüdische und christliche Offenbarungsschriften übertragen. So benennen die altkirchlichen Autoren als »Apokalypsen« einen besonderen Teil der ihnen bekannten religiösen Literatur. Das *Fragmentum Muratori*, ein frühestens gegen Ende des 2. Jhs. n. Chr. entstandenes christliches Verzeichnis religiös bedeutender Schriften, führt beispielsweise die Apokalypsen des Johannes und des Petrus (s.u. 109 f.) an. Ein gutes Jahrtausend später verstand der Reformator *Martin Luther* (1483–1546) das Wort »Apokalypse« in seiner Vorrede zur Johannesoffenbarung spezifizierend als *»Offenbarung künfftiger Geschicht vnd sonderlich künfftiger trübsaln vnd vnfal der Christenheit«*. Die heute umgangssprachlich geläufige Verwendung des Begriffs ist von solchen sekundären Deutungen im Rahmen der kirchlichen Auslegungstradition der Johannesoffenbarung geprägt, die sie allein als Weissagung und als inspirierte Voraussage zukünftiger Krisen und Umwälzungen verstanden hat.

Im Kontext neuzeitlicher systematisch-theologischer Entwürfe begegnet der künstliche Begriff *Apokalyptik* häufig als konkretisierender Teilbereich der kosmologischen und futurischen Eschatologie. Erstmals taucht der (von dem Wort »Apokalypse« abgeleitete) Begriff bei dem evangelischen Theologen und Neutestamentler *Gottfried Christian Friedrich Lücke* (1791–1855) in der Einleitung zu seiner Kommentierung der Johannesoffenbarung (1832) auf. Lücke, ein Schüler *Friedrich D.E. Schleiermachers* (1768–1834), kann deshalb durchaus als der eigentliche Begründer der Apokalyptik-Forschung gelten, auch wenn seine einschlägigen Arbeiten ihrerseits durch eine (leider verschollene) Schrift des zeitgenössischen evangelischen Theologen *Carl Immanuel Nitzsch* (1787–1868) angeregt wurden. Als dem literarischen Genre »Apokalyptik« zugehörig bezeichnete Lücke insbesondere solche antiken jüdischen und frühchristlichen Schriften, deren zentraler Inhalt – als eine besondere Ausprägung der biblischen Prophetie – in der Offenbarung des zukünftigen göttlichen Reiches oder des göttlichen Heils besteht. Dieser engführende Gebrauch des Kunstwortes »Apokalyptik« ist jedoch nicht unproblematisch, denn weder diente der schwer eingrenzbare abstrakte Ausdruck zu irgendeiner Zeit der Bezeichnung eines eindeutig bestimmbaren Phänomens der Wirklichkeit, noch ist er ein quellensprachlicher Begriff. Tatsächlich kommt das Wort in den antiken jüdischen und frühchristlichen Texten überhaupt nicht vor. Es existiert allein als *Terminus technicus* im wissenschaftlichen Diskurs der neuzeitlichen Theologie, Literatur- und Geschichtswissenschaft. Hier ist es ein Sammelbegriff zur Bezeichnung einer geistig-religiösen Bewegung, zur Kennzeichnung ihrer literarisch vermittelten Vorstellungswelt (insbesondere im Kontext einer apokalyptischen Eschatologie) oder zur Charakterisierung eines besonderen, religiös bestimmten Sprechmodus. Seine Bedeutung bleibt jedoch in allen drei Fällen ohne klare Konturen und ohne eine allgemein anerkannte Definition.

Die apokalyptische Vorstellungswelt

> »*In den Tagen meiner Nichtigkeit habe ich beides beobachtet: Es kommt vor, dass ein gesetzestreuer Mensch trotz seiner Gesetzestreue elend endet, und es kommt vor, dass einer, der sich nicht um das Gesetz kümmert, trotz seines bösen Tuns ein langes Leben hat.*« Kohelet 7,15

Die Apokalyptik basiert auf mehreren Grundpfeilern. Grundsätzlich gehört es zu den anthropologisch konstanten Bedürfnissen der Menschheit, die unverfügbare Zukunft zu erkennen. Der wesentliche Impuls für die Entstehung der apokalyptischen Vorstellungswelt fußt jedoch woanders: in dem existenziell erlebten Dilemma, das daraus resultiert, dass religiöse Menschen einerseits die Welt als ungerecht und die eigene Lebenssituation als unerträglich empfinden und sie andererseits an der Allmacht und Güte ihres Gottes und an der positiven Einschätzung ihrer eigenen Person festhalten wollen.

Ein Ausgangspunkt des apokalyptischen Denksystems ist die Deutung der Gegenwart, der eigenen individuellen Existenz und der gesamten Welt ringsum als heillos, gottlos und verloren. Ein Angehöriger der apokalyptischen Bewegung erfährt seine prekären Lebensbedingungen als durchweg von Not, Mangel, Leiden, Orientierungsverlust, Bedrohung, Ungerechtigkeit und Unterdrückung bestimmt, und er kommt mit dieser Realität nicht mehr länger zurecht. Einer solchen tiefgreifenden individuellen und subjektiven Defizienz- und Ohnmachtserfahrung korrespondiert die perspektivische Sicht auf die empirische Welt als ein – allseitig als abweisend und böse erlebtes – geschlossenes Unheilskontinuum. Aus den innerweltlichen Ereignissen und Entwicklungen ist für den Apokalyptiker kein Heil mehr abzuleiten. Seine rundum pessimistische Grundüberzeugung betrifft nicht nur die Geschichte und Gegenwart, sondern bedeutet für ihn zugleich den bedrohlichen Verlust der Zukunft als des für sein eigenes Dasein konstitutiven Raumes der Hoffnung und der Freiheit.

Eine weitere Grundlage des apokalyptischen Denkens ist der tiefe Bruch zwischen Tradition und Situation, also die empfundene Diskrepanz zwischen dem überkommenen Glauben an die unbedingte Allmacht, Gerechtigkeit und Güte der göttlichen Macht (bzw. dem hieraus resultierenden eigenen Erwählungsbewusstsein) und dem als zutiefst ungerecht und angsterregend erlebten vorfindlichen Weltgeschick (bzw. der hiermit einhergehenden persönlichen Leidens-, Not- und Unterlegenheitserfahrung). Herkömmliche Denkmodelle reichen für die Deutung und Bewältigung dieser Situation nicht mehr aus. Das apokalyptische Denkmuster will die Widersprüche zwischen Wunsch und Wirklichkeit erklären und die aus ihnen resultierende kognitive Dissonanz beseitigen oder zumindest vermindern. Es will also der Bewältigung der eigenen Gegenwartserfahrung dienen, und es will trösten, indem es zwischen der menschlichen Wahrnehmung von Kontingenz, Krisen und Katastrophen und der hierdurch hervorgerufenen Erschütterung des Glaubens vermittelt. Es will der erfahrenen Sinnlosigkeit des menschlichen Lebens und Strebens wieder einen Sinn geben.

Das dualistische apokalyptische Denkmodell hat die Hoffnung auf Gottes Selbstmitteilung und Willensdurchsetzung in dieser immanenten Welt aufgegeben. Es erwartet nur noch eine rein jenseitige Heilsverwirklichung. Indem dieses neue Offenbarungskonzept dem Augenschein der Realität in der »bösen« diesseitigen Welt, in der Gottes Wege fremd und unerforschlich sind, nun eine verborgene »gute« jenseitige Gegenwelt gegenüberstellt, in der Gott plant, entscheidet und handelt, relativiert es die Bedeutung der erfahrenen Wirklichkeit als des alleinigen Maßstabs der göttlichen Gerechtigkeit. Die Welt ist schlecht, aber Gott handelt noch immer souverän und planvoll – eben nicht nur in dieser kontrollierbaren und verifizierbaren Wirklichkeit, sondern auch auf einer Ebene hinter der aktuell erlebten Geschichte, die allen menschlichen Sinnen verborgen ist. Als überlegenes Gegenmodell zur eigenen – als defizitär und problematisch erlebten – Gegenwart war, ist und bleibt jene transzendente (bzw. metahistorische), die menschliche Erkenntnisfähigkeit prinzipiell übersteigende Wirklichkeit für den Apokalyptiker der eigentliche Ort der guten und vollkommenen gottgewollten Ordnung und der eigentliche Ausgangspunkt des umfassenden Heils. Die Annahme der völligen Transzendenz Gottes bedingt freilich auch, dass dieser in der apokalyptischen Vorstellungswelt niemals selbst in Erscheinung tritt, um seinen absoluten Wissensvorsprung und seinen Willen zu offenbaren. Seine Offenbarungen und Belehrungen an die Menschen entziehen sich der direkten Kommunikation und müssen deshalb durch Mittlerwesen erfolgen. Die Entwicklung einer systematisierten Engellehre in der apokalyptischen Literatur (s.u. 62ff.) liegt in dieser theologischen Vorstellung begründet.

Die diesseitige Geschichte und Gegenwart werden innerhalb des apokalyptischen Denksystems mittels der jenseitigen Welt gedeutet und bewertet. Sowohl die Begründung vergangener und gegenwärtiger Krisen als auch der göttliche Plan zu ihrer zukünftigen Überwindung sind in der irdischen Welt in keiner Weise zugänglich, dennoch sind sie außerhalb dieser irdischen Welt existent. Die unbedingte Allmacht und Autorität Gottes auch gegenüber all seinen Feinden bleibt somit trotz jeglicher Krisenerfahrung und Weltangst stets gewahrt. Der gegenwärtigen Welt wird zwar die Heilsunfähigkeit bescheinigt, aber für den Apokalyptiker steht es außer Zweifel, dass Gott am Ende siegen wird.

Die eigene Lebenserfahrung der Ausweglosigkeit und des drohenden Zukunftsverlustes wird im apokalyptischen Denken durch das Bewusstsein relativiert, dass Gott auch gegen allen Augenschein sämtliche ungelösten Probleme im persönlichen Leben, in der menschlichen Gesellschaft und im gesamten Kosmos zu lösen vermag. Die Zukunft und das Jenseits werden zur Projektionsfläche für alle Hoffnungen und Ängste. Dabei bleibt die exklusive Verwirklichung der Heilserwartung allein der frommen Gemeinschaft oder dem frommen Individuum vorbehalten. In diesem Kontext hat die Entstehung der eschatologischen Vorstellung von einer jenseitigen Vergeltung sämtlicher guten und bösen Taten im universalen Gerichtshandeln Gottes (das entweder Belohnung, d.h. Heil, Erlösung und ewiges Leben, oder Bestrafung, d.h. Untergang, Verderben, und ewige Verdammnis, bedeutet) ihren Ort. Die Annahme der Beseitigung der Anomalie des Todes (vgl. Gen 3,19) durch Gott selbst und der leibhaftigen Auferweckung aller bereits Verstorbenen ist die entscheidende Voraussetzung für den Vollzug eines solchen ausgleichenden Gerichtshandelns. Die Heilsperspektive der Gerechten über den Tod hinaus, d.h. ihre Hoffnung auf postmortale Belohnung der Standhaftigkeit, wird so auch zum Ausdruck des Festhaltens an der umfassenden göttlichen Gerechtigkeit, die durch die aktuellen Leidens- und Martyriumserfahrungen außer Kraft gesetzt scheint (vgl. Dan 12,2). Derartige Vorstellungen eines postmortalen Gerichtes im antiken Judentum stellen gegenüber der traditionellen Überzeugung, dass gerade der Tod alle Menschen gleich macht (vgl. Koh 9,3ff.), eine entscheidende Neuerung dar.

Die Funktion der dualistischen Gegenüberstellung einer auf ihren Untergang zulaufenden Geschichte dieser Welt und einer radikal erneuerten Welt, eines himmlischen Reiches des Friedens, der Fülle und der Gerechtigkeit, beschränkt sich nicht auf die emotionale Leidbewältigung durch Entfaltung einer tröstenden Zukunftsspekulation. Vielmehr soll die Gegenüberstellung beider Welten die Gegenwart selbst deuten und bewerten. Dabei ragt das kommende Weltende – erfahrbar in der aktuellen Krisensituation (Abfall von Gott, Vergessenheit seiner Gebote, Verfall aller sittlichen und sozialen Ordnungen, Chaos, Kriege und Naturkatastrophen als Vorzeichen des erwarteten katastrophalen Umsturzes) – als eine Möglichkeit des kosmischen, kollektiven und individuellen Endschicksals bereits gegenwärtig in die untergehende Wirklichkeit hinein. Die minimale Differenz zwischen dem, was zukünftig sein muss – nämlich die unbedingte Willensdurchsetzung des *gerechten* Gottes –, und dem, was tatsächlich sein wird – nämlich das zukünftige Einschreiten des *gnädigen* Gottes ins Weltgeschehen –, bedeutet im Rahmen der apokalyptischen Eschatologie, dass eine individuelle Herausnahme aus diesem strafenden Vergeltungshandeln prinzipiell möglich ist. Diese Möglichkeit bestimmt die apokalyptische Heilshoffnung und motiviert zugleich ein ethisches Verhalten.

Neben dieser temporal-zukünftigen Dimension endzeitlicher Szenarien wird die Ordnung dieser Welt innerhalb der apokalyptischen Vorstellungswelt auch in räumlicher Hinsicht mit der Ordnung einer transzendenten Gegenwelt kontrastiert. In Entsprechung zum jeweiligen Weltbild stehen sich hierbei die »eigentliche« schöpfungsgemäße und gottgewollte Ordnung des Kosmos und sein – durch widergöttliche Mächte beeinträchtigter und bedrohter – mit den menschlichen Sinnen erfahrbarer Zustand gegenüber. Auch dieser spatial-jenseitige Aspekt einer Gegenwelt will das Verständnis und das fromme und verständige Verhalten in der diesseitigen Welt, wie sie sich für einen Angehörigen der apokalyptischen Bewegung präsentiert, beeinflussen.

Das apokalyptische Denkmodell gibt vor, eine Enthüllung des Heilsplanes Gottes empfangen zu haben, obwohl sich dieser an der offensichtlichen Wirklichkeit nicht verifizieren lässt. Der visionäre Einblick in die Vorgänge und Zustände in der jenseitigen Welt und das esoterische Wissen über ihre Auswirkungen auf die diesseitige Welt bzw. über das noch ausstehende Geschehen sind die wesentlichen Inhalte der Botschaft der apokalyptischen Bewegung und autorisieren zugleich ihre Anliegen. Das empfangene, erschlossene und verkündete Offenbarungswissen vermag somit gegenwärtiges Unheilsgeschehen befriedigend zu erklären und seine Überwindung tröstend vorherzusagen. Ein solches geheimes Wissen ist freilich nicht allen Menschen zugänglich, sondern kann nur von den erwählten Gerechten in einem veränderten Bewusstseinszustand empfangen werden.

Das apokalyptische Geschichtsverständnis

Das Geschichtsverständnis der Apokalyptik ist ambivalent. Einerseits betont die Apokalyptik die prinzipielle Einheit von Offenbarung und Geschichte, indem sie versucht, die als bedrückend, lebensfeindlich und chaotisch erlebte Gegenwart und die Hoffnung auf eine Zeitenwende und auf kommendes umfassendes Heil miteinander zu vereinbaren. Andererseits kann auch die grundsätzliche Unabhängigkeit von Geschichte und Erlösung als Grundaxiom des apokalyptischen Denkens gelten.

Ausgangspunkt des apokalyptischen Deutungssystems historischer Situationen und Vorgänge ist die Wahrnehmung der Realgeschichte als einer linearen und determinierten (und deshalb auch berechenbaren) innerhistorischen Geschehensfolge. Dabei erfährt der pessimistisch wahrgenommene Verlauf der Geschichte eine Periodisierung in einzelne Abschnitte. Die Weltgeschichte hat eine transzendente Ursache, sie hat einen Anfang und sie hat ein Ende. Dazwischen reihen sich verschiedene Äonen (»Weltzeitalter«) bzw. sukzessive Epochen einer sichtlichen Verschlechterung der irdischen Zustände und eines zunehmenden Ordnungsverlustes aneinander. Während sowohl am Ausgangspunkt als auch am Zielpunkt der Menschheitsgeschichte umfassendes Heil steht, wird dieses Heil in ihrem eigentlichen Verlauf in immer stärkerem Maße bedroht und prekär. Die von der apokalyptischen Bewegung als sie umgebende Gegenwart erlebte Periode des völligen Ordnungsverlusts und der bis zur Unerträglichkeit gesteigerten Not wird zugleich als Bestandteil des letzten und schlimmsten Zeitabschnitts vor dem totalen und unbedingten katastrophischen Ende des degenerativen Geschichtsverlaufs betrachtet. Sie nimmt ihren eigenen Standpunkt in der Geschichte als kurz vor (bzw. in) ihrer abschließenden und entscheidenden Endphase vor diesem Wendepunkt wahr. Die vorausbestimmte und nahe Äonenwende, das Ende der bestehenden Welt und ihres vergänglichen Äons erscheint ihr in greifbarer Nähe. Die von der apokalyptischen Eschatologie erwartete Zukunft, der ewige Äon, gehört weder zur Geschichte noch wird sie durch die Geschichte und Gegenwart in irgendeiner Weise beeinflusst. Vielmehr kommt die neue Weltzeit unaufhaltsam und unveränderbar auf diese Gegenwart zu.

Die Apokalyptik bricht mit den bisherigen Vorstellungen einer Heilsgeschichte. Angesichts des Konflikts zwischen der aktuell erlebten und der erinnerten und Identität stiftenden Geschichte und angesichts des sich hieraus ergebenden Theodizeeproblems erlischt für die apokalyptische Bewegung der traditionelle tröstende Glaube an eine heilsrelevante Vergangenheit, deren Konturen eine Zukunftshoffnung zu begründen vermögen. Im Kontext des antiken Judentums bedeutet dies die Verabschiedung der traditionellen Vorstellung vom fortwährenden positiven Erwählungshandeln Gottes in der Geschichte seines Volkes Israel. Zwar gelten Sinn und Ende der Zeit innerhalb der apokalyptischen Vorstellungswelt noch immer als von Gott bestimmt, doch gilt nun der gesamte Geschichtsverlauf seit Adam als in der menschlichen Sünde begründet und zudem vom andauernden negativen Handeln widergöttlicher Mächte geprägt. Aus einer solchen Vergangenheit ist für den Apokalyptiker prinzipiell kein Heil mehr ableitbar. Heil erhofft er sich vielmehr allein von einer vollständigen und radikalen (häufig im Sinne eines Herrschaftswechsels verstandenen) endzeitlichen Kehre. Verworfen wird bei dieser tiefgreifenden Umdeutung bisheriger kulturimmanenter Deutungsmuster der religiösen Welterfahrung Israels zugleich die herkömmliche Vorstellung, dass die Geschichte des Gottesvolkes trotz aller Fehlentwicklungen und Hemmnisse in einem fortwährenden Prozess auf ein künftiges heilvolles Ziel hinausläuft.

Die apokalyptische Zeitdiagnose deutet die als krisenhaft und konfliktreich erlebte Geschichte als prinzipiell abweichend von dem, was Gott eigentlich mit dem geschaffenen Kosmos, der Welt und den Menschen vorhat. Die aktuell erfahrene Misere wird dabei zwar als Höhepunkt der Selbstoffenbarung des Widergöttlichen betrachtet, aber weder als Zeichen der Ohnmacht Gottes wahrgenommen noch als dauerhafter Zustand gedeutet. Vielmehr wird sie als ein von vornherein definierter Zeitraum und damit als sinnvoller Teil des verborgenen göttlichen Planes in einen umfassenden heilsgeschichtlichen Kontext gestellt. Der Apokalyptiker kann seine Gegenwart gegen den tatsächlichen Augenschein als vergegenwärtigte Heilsgeschichte wahrnehmen. Dementsprechend gelten ihm auch die für die Zukunft erhoffte Erlösung und heilvolle Ordnung nicht als das Ergebnis innerweltlicher Entwicklungen oder menschlichen Planens und Handelns. Heil und Erlösung beruhen in seinem Denken vielmehr auf einer völligen Neusetzung Gottes selbst in einer herrlichen Zukunft. Dabei entspricht beides dem ursprünglichen Schöpferwillen, durch den alles Geschehen außerhalb der Geschichtswirklichkeit vorab endgültig geplant und determiniert ist. Die vom apokalyptischen Visionär aufzudeckende Zukunft wird als Restauration der ursprünglichen gottgewollten Schöpfungsordnung gedacht – als neue Welt und als neue Schöpfung.

Die dergestalt erhoffte umfassende Erlösung durch das irreversible, unüberbietbare und endgültige Eingreifen Gottes in den geschichtlichen Ablauf gilt vor dem Hintergrund einer solchen heilsgeschichtlichen Zeitdiagnostik nicht als kausale Folge geschichtlicher Weiterentwicklung, innerweltlicher Fortschritte und menschlichen Handelns, sondern allein als ihr ultimatives Ende. Die apokalyptische Bewegung erhofft keine Verbesserung dieser gottlosen Welt mehr, sondern nur noch ihren nahen Untergang und ihre vollständige Verwandlung gemäß dem ursprünglichen Willen Gottes. Für sie existiert demnach auch keine Erlösung und ausgleichende Gerechtigkeit durch den geschichtlichen Fortschritt. Vielmehr sind Erlösung und Gerechtigkeit im Kontext der apokalyptischen Eschatologie ausschließlich durch eine vollständige Veränderung aller heillosen und gottlosen Verhältnisse auf Erden, durch den Anbruch der universalen und unbeschränkten Herrschaft Gottes und durch sein allumfassendes Vergeltungsgericht über diese Welt zu erlangen. Negiert werden dagegen Gottes fortwährendes Eingreifen in der Geschichte und die Möglichkeit des Menschen, den Geschichtsverlauf selbst zu beeinflussen. Hierdurch werden die Geschichte und Gegenwart freilich nicht belanglos. Vielmehr werden sie ihrerseits erst durch das zukünftige Endgericht Gottes qualifiziert.

Die Vorstellung vom Weltende, von den endzeitlichen Plagen und Drangsalen und vom katastrophalen Zusammenbruch dieser Welt ist für die apokalyptische Eschatologie kein finales Endgeschehen, mit dem alles endgültig aufhört, sondern nur ein Durchgangsstadium auf dem Weg zur Erlösung und zum Heil. Einem solchen positiven und progressiven Verständnis des Geschichtsverlaufs entspricht der Dreischritt »Krise – Katharsis – Heil«. Die Pragmatik dieses Verständnisses besteht in der Provokation einer persönlichen Glaubensentscheidung gegen den Augenschein der Realität und zugleich in der Überwindung der bisherigen Weltangst durch eine neue Deutung des eigenen Daseins, die die Erwartung des Weltendes in eine umfassende Botschaft der Hoffnung integriert. Antike jüdische und christliche apokalyptische Vorstellungen haben durchweg eine solche Heilskomponente.

Neben diesem positiven Verständnis des Geschichtsverlaufs lässt sich auch ein negatives apokalyptisches Konzept einer zunächst transzendenzlos gedachten Welt ausmachen, deren Geschichte – ausgehend von einem ursprünglichen Idealzustand – unaufhaltsam auf ihr ultimatives Ende zuläuft, wobei den katastrophalen Schrecken der Endzeit keine Heilszeit folgt. Die Pragmatik dieses Konzeptes besteht vor allem darin, Reformdruck zur Abwehr einer subjektiv als möglich oder wahrscheinlich wahrgenommenen Krise zu erzeugen. Neuzeitliche apokalyptische Vorstellungen wie z. B. die fortschrittskritische Ideologie der radikalen Ökologiebewegung entsprechen überwiegend diesem Konzept (s. u. 132 f.).

Die enthüllende Rede vom nahen Weltende eröffnet für die apokalyptische Bewegung einen Erwartungshorizont, der sich gegenüber dem evolutionistischen Geschichtsmodell, das in optimistischer Weise mit einer gottgewirkten Entwicklung der Verhältnisse zum Besseren rechnet, entweder als revolutionistisch oder als revelatorisch beschreiben lässt. Während das revolutionistische Modell mit einer radikalen Zäsur zwischen der Gegenwart und der Zukunft rechnet, ist für die Anhänger des revelatorischen Modells die Wende zwar bereits vollzogen, aber bislang noch unsichtbar und verborgen – zumindest für die Welt außerhalb der eigenen exklusiven Kerngruppe.

Die beiden apokalyptisch-eschatologischen Modelle deuten die gegenwärtige erfahrbare Welt in ihrer Relation zur erhofften transzendenten Gegenwelt. Sie verdanken sich differenten historischen Erfahrungen und gesellschaftlichen Positionen ihrer Trägerkreise und haben deshalb auch unterschiedliche Funktionen. Das im antiken Judentum verbreitete revolutionistische Modell akzentuiert die Zeitdimension und betrachtet sowohl das gegenwärtig erfahrene Leid als auch den drohenden katastrophalen Zusammenbruch dieser Welt nur als notwendige Vorstufen des künftigen Heils. Das revelatorische Modell, das gerade für das Christentum besonders bedeutsam wurde, akzentuiert hingegen die Raumdimension und relativiert dieses Leid, indem es den – der platonischen und stoischen Philosophie entlehnten – Gedanken des Gegensatzes zwischen der für alle Menschen erfahrbaren Welt und der – dieser Allgemeinheit verborgenen – eigentlichen, unvergleichlich besseren und gerechteren Welt aufgreift. Gegenwärtiges Leid kann vor diesem Hintergrund in relativierender Weise als scheinbar und vordergründig betrachtet werden. Das exklusive Wissen um die sich bereits ereignende Heilswende vermag ein Bewusstsein der Weltüberlegenheit und der vergewissernden Autonomie zu bewirken.

Literatur

Hellholm, David (Hg.), Apocalypticism in the Mediterranean World and the Near East, Tübingen 1989.

2

Die Wurzeln der Apokalyptik

Die Apokalyptik knüpft an die biblische Prophetie an, indem sie wichtige Formen und Inhalte von ihr übernimmt, diese jedoch durchweg in einen neuen Kontext stellt und ihnen damit auch eine neue Funktion gibt. Der wesentliche Unterschied zwischen Apokalyptik und Prophetie besteht darin, dass die Prophetie von der Vorstellung der Geschichte als Ort des heilvollen Eingreifens Gottes ins Weltgeschehen überzeugt ist, während die Apokalyptik davon ausgeht, dass das Heil auf die heillose Geschichte allein von außen zukommen kann, indem Gott ihr ein radikales Ende setzt. Die Apokalyptik rezipiert daneben auch Gedankengut der biblischen Weisheit und behandelt mit der Theodizeefrage ein wesentliches weisheitliches Problem. Jedoch ist die Weisheit vor allem am Aufbau der Welt interessiert, wohingegen die Apokalyptik vor allem nach der Zukunft der Welt fragt. Die jüdische Apokalyptik kann nicht allein aus der hebräischen Bibel hergeleitet werden, sondern sie rezipiert daneben auch Material aus der vorgegebenen religiösen Vorstellungswelt und aus der reichen literarischen Tradition benachbarter Kulturen und Religionen. Eine monokausale Ableitung der jüdischen Apokalyptik ist deshalb nicht möglich.

Apokalyptik und Prophetie

»Denn siehe, der Herr wird kommen mit Feuer und seine Wagen wie ein Wetter, dass er vergelte im Grimm seines Zorns und mit Schelten in Feuerflammen. Denn der Herr wird durch Feuer die ganze Erde richten und durch sein Schwert alles Fleisch, und der vom Herrn Getöteten werden viele sein.« Jes 66,15 f.

Lässt sich die Apokalyptik auf die Prophetie zurückführen? Ist sie eine Teilmenge der prophetischen Tradition oder ist sie deren »missratenes Kind«, wie es insbesondere von liberalen Theologen des 19. Jhs. wiederholt behauptet wurde (s. u. 126)? Ist ein unmittelbarer Schulzusammenhang zwischen den jüngeren Schriftpropheten und den Verfassern der apokalyptischen Schriften wahrscheinlich? Der alltagssprachliche und säkulare Gebrauch des Begriffs »Prophezeiung« im Sinne einer generellen Zukunftsvoraussage scheint eine solche Beziehung zwischen der eschatologischen Verkündigung der biblischen Propheten und der Apokalyptik nahezulegen. So begegnet das Wort »Prophetie« gegenwärtig ganz unspezifisch zur Bezeichnung von Voraussagen aus dem Mund von Wissenschaftlern und Hellsehern. Populäre Klimaforscher und Meteorologen gelten als »Wetterpropheten«. Und unter Prophezeiungen versteht man in den Massenmedien sowohl seriöse Prognosen als auch wirres »Geheimwissen« über zukünftige krisenhafte Vorgänge und Ereignisse bis hin zu kruden Weltuntergangsszenarien.

Diese neuzeitliche Reduktion des Lehnworts »Prophetie« auf ganz bestimmte Teilaspekte seines Bedeutungsumfangs gründet zunächst darin, dass man die Schriftpropheten (unter Einschluss der Psalmen als Dichtungen Davids) der jüdischen biblischen Tradition im frühen Christentum als Verkünder und Vorläufer Jesu Christi betrachtete und ihre prophetischen Botschaften deshalb in engführender Weise als voraussagende und bestätigende Weissagungen »auf Christus hin« deutete. Die frühen christlichen Auslegungen der vorchristlichen prophetischen Offenbarungsliteratur waren dementsprechend zumeist auf die Vorstellung einer gegenwärtigen (bzw. baldigen) Erfüllung der biblischen Prophetie bezogen. Diese besondere Interpretation entsprach keinesfalls der eigentlichen Bedeutung des älteren hebräischen Terminus נביא (*nawī*) und seiner griechischen Entsprechung προφήτης/*prophḗtēs*. Während der Begriff in der hebräischen Bibel sowohl in der Bedeutung »Rufer« als auch »Berufener« verwendet werden kann (wobei der aktive und der passive Aspekt durchaus als miteinander verbunden betrachtet werden können), meint der altgriechische Ausdruck zunächst vor allem einen öffentlichen Verkündiger.

Anhand einer Betrachtung der biblischen Erzählungen über Prophetengestalten und der Prophetenschriften ergibt sich ein recht deutliches Bild der Prophetie Israels als individueller Übersetzung, Deutung, Vermittlung und Verkündung des Gotteswillens. Der in einer Offenbarungsvision oder -audition persönlich berufene Prophet erhält demnach die Aufgabe, einem bestimmten Adressatenkreis sowohl den kritischen Blick des Gottes JHWH auf sein Tun und Lassen in Geschichte und Gegenwart als auch die umfassende Konsequenzen seines Handelns für die Zukunft zu verkünden. So verstanden trifft ein Prophet keine bloßen Voraussagen über zukünftige Zeiten, sondern er teilt mit, was an der Zeit und wozu es höchste Zeit ist.

Trotz eines harmonisierenden Interesses der antiken Tradenten der biblischen Literatur lassen sich in der Entwicklung der Schriftprophetie im Laufe der Geschichte Israels (vor allem hinsichtlich ihrer heilsgeschichtlichen Prämissen) deutlich differente Ausformungen und Akzentverlagerungen beobachten. Die vorexilischen Propheten seit dem 8. Jh. v. Chr. (z.B. *Amos, Hosea, Micha*) riefen als Mittler des Gottes Israels das Volk und seine Repräsentanten immer wieder zur Umkehr auf und konfrontierten es mit dem autoritativ verkündeten Gotteswort. In ihren Ermahnungen und ihrer Verkündigung des zukünftigen Geschehens verknüpften sie die bisherigen und aktuellen sündhaften Verfehlungen Israels – insbesondere hinsichtlich der Sozialordnung und des Kultes – in polarisierender Weise mit dem drohenden Aufweis des richtenden und strafenden Eingreifens Gottes in die Geschichte in Gestalt radikaler (zumeist als Straf- und Vernichtungsgeschehen vorgestellter) Unheilsankündigungen. Die Verstehensgrundlage für das Verhältnis zwischen Gott und Mensch war dabei die Annahme der prinzipiellen Gesetzmäßigkeit ihrer Interaktion im Sinne eines direkten Kausalzusammenhanges zwischen menschlichem Tun und gottgewirktem Ergehen. Während der Exilszeit (597/87–539 v. Chr.), die auch von den Propheten dieser Epoche als Erfüllung der älteren Unheilsprophetie gedeutet wurde, verlagerte sich der Tenor der Schriftprophetie weg von einer Kritik an den herrschenden Verhältnissen und hin zur Heilsweissagung im Sinne der umfassenden Ausgestaltung nationaler Zukunftshoffnungen (z.B. *Deuterojesaja*). Die nachexilische Heilsprophetie (z.B. *Haggai, Sacharja*) akzentuierte hierbei vor allem die Gedanken der zukünftigen Umkehr der irdischen Verhältnisse und deren Neuschöpfung durch Gott (z.B. Jes 65f.), der spiegelbildlichen Entsprechung der kommenden Endzeit und der idealen Urzeit, des gerechten Restes Israels und seiner von Gott verworfenen Gegner (z.B. Jes 66,5) und einer Eschatologisierung der älteren religiösen Tradition (z.B. Ez 20,32-38; 37,26; 47,21ff.). Auffällig ist, dass das von den exilischen wie nachexilischen Propheten verkündete finale Handeln Gottes, nämlich die Endzeitbedrängnis für die Frevler und der Idealzustand für die Gerechten Israels, sowohl innergeschichtlich als auch innerweltlich realisierbar gedacht war. Gott greift, so dachte man, in die Geschichte ein, doch die Geschichte entwickelt sich trotzdem immer weiter. Außerhalb des Horizonts der biblischen Prophetie blieb die Vorstellung einer radikalen und umfassenden endgültigen Umwandlung von Geschichte und Gegenwart durch Gott selbst.

Die jüdische Apokalyptik knüpfte in mehrfacher Weise an die Prophetie an. Zum einen rezipierte sie zahlreiche prophetische Formen, Traditionen und Texte, insbesondere in Gestalt einer kreativen Weiterführung der prophetischen Weissagungsdeutung. Als inhaltliche Gemeinsamkeiten lassen sich vor allem die literarische Ausgestaltung eines Gegenentwurfs zur bestehenden Wirklichkeit und dessen deutlich herrschafts- und traditionskritischer Charakter benennen. Zum anderen rezipiert die Apokalyptik eine Reihe prophetischer Motive und Motivkomplexe (vgl. z.B. Jes 24-27; Ez 37-39; Sach 9-14; Joel 3) und gibt ihnen einen neuen Kontext und eine neue Funktion, ohne dass sich diese Motive ihrerseits als Ausweis eines apokalyptischen Charakters bzw. einer apokalyptischen Funktion der prophetischen Überlieferung deuten lassen. Die Prophetie gehört also unbestritten zu den Voraussetzungen des apokalyptischen Denkens. Die Denkinhalte der Apokalyptik lassen sich indes nicht direkt aus der prophetischen Tradition ableiten.

Besonders deutliche Unterschiede zwischen Prophetie und Apokalyptik betreffen ihre jeweiligen Intentionen und Funktionen. Grundlegend gilt, dass die Apokalyptik die Enttäuschung ihrer Trägerkreise über das bisherige Nichteintreten der prophetischen Heilsweissagungen widerspiegelt. Ein weiteres Festhalten an der Hoffnung auf Gottes machtvolles weltordnendes Handeln ist mittels der herkömmlichen Glaubens- und Verstehensvoraussetzungen nun nicht mehr einsichtig und vermittelbar. Während die Vorstellung des vergeltenden Gerichtshandelns Gottes in den biblischen Prophetenbüchern gemeinhin innergeschichtlich dargestellt wurde, akzentuiert die apokalyptische Eschatologie deshalb die endzeitliche Bedeutung des Gerichts, das der (vorübergehenden) Distanz Gottes von der nunmehr heillosen Geschichte ein Ende setzt. Anders als die Prophetie ist die Apokalyptik nicht in bestimmten Erwählungstraditionen heilsgeschichtlich verankert. Weder gibt es in der Apokalyptik den tröstenden Rekurs auf die erinnerte bisherige Heilsgeschichte Israels noch den Hinweis auf die Möglichkeit einer zukünftigen innergeschichtlichen Erlösung, die von dieser heilsgeschichtlichen Erinnerung kausal abgeleitet werden kann. Vielmehr wird das gegenwärtige Geschichtskontinuum allein von der Prophetie – unter bemühtem Festhalten am Tun-Ergehen-Zusammenhang – als korrigierbar und als Ort des rettenden Eingreifens Gottes erlebt, was mit der heilsgeschichtlichen Erinnerung an seine bisherigen Heilstaten begründet wird. Von der Apokalyptik hingegen wird die von Anfang an determinierte Geschichte – vor allem aufgrund der aktuell erlebten Fraglichkeit des Tun-Ergehen-Zusammenhangs – als prinzipiell heillos und unrettbar verloren wahrgenommen.

Apokalyptik und Weisheit

> *»Dies ist der Weg derer, die so voll Torheit sind, und das Ende aller, denen ihr Gerede so wohl gefällt. (…) Sie liegen bei den Toten wie Schafe, der Tod weidet sie; aber die Frommen werden gar bald über sie herrschen, und ihr Trotz muss vergehen; bei den Toten müssen sie bleiben. Aber Gott wird mich erlösen aus des Todes Gewalt; denn er nimmt mich auf.«* Ps 49,14-16

Lässt sich die Apokalyptik aus der alttestamentlichen bzw. frühjüdischen Weisheit ableiten? Kann diese Ableitung zudem als Hauptargument gegen die Annahme einer unmittelbaren Beziehung zwischen Apokalyptik und Prophetie ins Feld geführt werden? Für einen grundsätzlichen traditionsgeschichtlichen Zusammenhang von Weisheit und Apokalyptik scheinen nicht nur das Vorkommen weisheitlicher Formelemente und Motive in der apokalyptischen Literatur – wie die Frage nach der Gerechtigkeit Gottes und die klare Differenzierung zwischen Gerechten und Sündern – zu sprechen, sondern auch die explizite Kennzeichnung Daniels (Dan 1,4.20; vgl. 11,33) und anderer apokalyptischer Sehergestalten wie Henoch (vgl. äthHen 5,8) oder Esra (vgl. 4. Esr 12,38; 14,25 f.) eben als »Weise«.

In der biblischen und antiken jüdischen Weisheitsliteratur (*Sprüche Salomos, Kohelet, Hiob, Weisheit Salomos, Jesus Sirach*) wird zunächst mittels lebenspraktischer Beobachtungen nützliches Erfahrungs- und Orientierungswissen zur Bewältigung der Lebenswirklichkeit vermittelt. Als Konsequenz der Erkenntnis, dass individuelles und gemeinschaftliches menschliches Leben nur dann gelingen kann, wenn es – unabhängig von jeder geschichtlichen Situation – der von Gott vorgegebenen Schöpfungs- und Weltordnung entspricht, strebt die ältere Weisheit danach, den Aufbau dieser Welt zu erkennen, ihn in enzyklopädischer Weise zu systematisieren und die Erkenntnisse an kommende Generationen weiterzugeben. Entsprechend dem ihr zugrunde gelegten *Tun-Ergehen-Zusammenhang* bietet die Weisheit dabei zunächst in optimistischer Weise Ratschläge und Richtlinien für die Erhaltung und Ermöglichung eines gelingenden Lebens. Zu unterscheiden ist in diesem Kontext zwischen der höfisch-pädagogischen Weisheit, in deren Mittelpunkt die Bildungsvermittlung und die Erziehung stehen, und der mantischen bzw. esoterisch erlangten Weisheit, die auf der priesterlichen Deutung von Vorzeichen und Träumen als Offenbarung beruht (vgl. Gen 37; 39 ff.; Dan 1-6).

Infolge der Tatsache, dass die tatsächlichen Daseinsbedingungen (d.h. die vielfach als ungerecht, instabil, prekär und krisenhaft erfahrene Lebenswirklichkeit der jüdischen Frommen) seit der Exilszeit diesem überkommenen Welterklärungsmodell offenkundig widersprachen, begegnet in der hellenistisch beeinflussten jüngeren Weisheitsliteratur entweder eine resignative Anerkennung der – letztendlich unbegreiflichen – Gerechtigkeit des göttlichen Weltschöpfers oder aber ihre Anbindung an eine – grundsätzlich an Gottes in der Tora geoffenbarten Weisungen orientierte – Bildungstradition, die diese Gerechtigkeit mit der angestrebten Observanz aller Einzelgebote verknüpft. Die biblische Weisheit entwickelte sich somit sukzessive zu einer bestimmten Form der Torafrömmigkeit. Dabei verschob sich auch der Akzent von ihrer Gegenwartsbedeutung auf die Betonung der zukünftigen Anerkennung dieser Frömmigkeit des Weisen und der gleichzeitigen Bestrafung der verfehlten Lebensführung des Frevlers durch den gerechten Gott Israels.

Bereits die Wirklichkeitserfassung der nachexilischen Weisheitspsalmen Ps 49 und Ps 73 setzt sich mit dem Problem der Diskrepanz zwischen Erwählungsbewusstsein und defizitärer Wirklichkeitserfahrung auseinander. Die Weisheit gibt dabei der Hoffnung des leidenden Gerechten, der den Glauben an Gott unter allen widrigen Umständen bewahrt hat, auf eine Belohnung seines frommen bzw. weisen Verhaltens auch jenseits der physischen Todesgrenze Ausdruck. Die weisheitliche Orientierung zwischen Vergangenheit und Zukunft wird jedoch nicht mehr durch die Erinnerung an die geschichtlichen Heilstraditionen Israels begründet, sondern durch die Wahrnehmung der Gegenwart als einer aktiv zu nutzenden Zeit ethischen Handelns.

Die biblische Weisheit fußt auf einem Zeitbegriff, der nicht quantitativ-chronometrisch auf einen berechenbaren Endpunkt zuläuft, sondern in erster Linie qualitativ bestimmt ist (vgl. Ps 90,4.10). Die weisheitliche Vorstellung von der göttlichen Determination der Geschichte provoziert deshalb eine neue Einstellung zur verbleibenden Zeit. Sie gibt dieser Zeit eine neue Bedeutung, und dies bedeutet Trost und Warnung zugleich: Gott lässt seinem Volk vorläufig noch Zeit für eine Umkehr und stellt diese Umkehr unter die Verheißung zukünftigen Heils. Hiermit verbunden ist die Erwartung einer Überwindung des aktuellen Unheilsstatus des Gottesvolkes und des kommenden Gerichtes über die Frevler und Feinde Israels. Zwar ist sich der Weise der grundsätzlichen Instabilität und Vorläufigkeit alles Irdischen bewusst. Er vertraut aber auf die universelle und andauernde Gerechtigkeit Gottes, die das Verhalten aller Menschen letztendlich richten und vergelten wird.

Die jüdische Apokalyptik rezipierte weisheitliches Gedankengut und kann durchaus als eine Reflexionsstufe weisheitlicher Traditionen und theologischer Deutungsmuster gelten, indem sie ein zentrales Problem der jüngeren Weisheit behandelt, nämlich die erlebte Auflösung des Tun-Ergehen-Zusammenhangs und die damit verbundene Theodizeefrage. Die partielle Überschneidung von Weisheit und Apokalyptik, d. h. von Erfahrungs- und Offenbarungswissen, wird recht deutlich in einer Reihe von Qumranfragmenten (4Q 410-413; 4Q 415-421; 4Q 423-426), in denen sich die Merkmale beider Denkweisen vereinigen und in denen zugleich die Rezeption mantischer Weisheit und priesterlichen Kalender- und Kultwissens (insbesondere astronomisch-astrologischer Berechnungen; vgl. Dan 12) zu erkennen ist (s. u. 61). Sowohl der Zeitbegriff und der Determinationsgedanke als auch der Universalismus, das enzyklopädische Interesse und die dualistische Struktur der Weltbetrachtung verbinden weisheitliche und apokalyptische Ideen. Auch der Weisheitsliteratur liegt ein bestimmtes geschichtliches Denken zugrunde. Die pauschalisierende Behauptung einer strikten Alternative zwischen Weisheit und Apokalyptik ist demnach unzutreffend. Andererseits ist die Weisheit in erster Linie am Aufbau der Welt interessiert und geht dabei prinzipiell von der Überzeugung aus, dass sich in der Geschichte eine gottgewollte Schöpfungsordnung realisiert. Die Apokalyptik hingegen fragt vor allem nach der Weltentwicklung, und ihre Eschatologie thematisiert das gottgewollte Ende des widergöttlichen Geschichtsverlaufs.

Apokalyptische Motive in Texten aus benachbarten Kulturen

Die Apokalyptik ist in jüdischen Texten erstmalig seit dem 3. Jh. v. Chr. greifbar (s. u. 63). Vorstellungen und Motive, die eine inhaltliche Nähe und formale Berührungen zu diesen Texten aufweisen, begegnen auch in anderen benachbarten und zeitgenössischen Kulturen und Religionen, und es ist unwahrscheinlich, dass die jüdische Apokalyptik von diesen Kulturen und Religionen völlig unbeeinflusst allein auf den älteren prophetischen und weisheitlichen Traditionen der hebräischen Bibel basiert. Vielmehr ist anzunehmen, dass es während des bereits lang andauernden und engen Kontaktes mit diesen Kulturen und Religionen (seit dem babylonischen Exil fanden persische Traditionen Eingang in das jüdische Denken, und während nahezu des gesamten 3. Jhs. v. Chr. war Palästina ununterbrochen ägyptisch beherrscht) neben vielen anderen aufgenommenen Einflüssen auf der Basis des gemeinsamen altorientalischen Weltbildes auch zu einem Transfer von literarischen Formen und religiösen Inhalten kam, die kennzeichnend für die apokalyptische Vorstellungswelt des antiken Judentums wurden.

Ein großer Teil des in den jüdischen apokalyptischen Texten begegnenden (und später auch von der christlichen Apokalyptik rezipierten) Bildmaterials und der literarischen Formen, aber auch Aspekte ihrer textpragmatischen Funktion haben mehr oder weniger deutliche Entsprechungen in den Zukunftserwartungen und Jenseitsbeschreibungen antiker ägyptischer, persischer, griechischer und römischer Überlieferungen, wenngleich deren direkte und umfängliche traditionsgeschichtliche Verbindung mit dem Phänomen der antik-jüdischen Apokalyptik aufgrund des differenten geschichtlichen und kulturellen Kontextes nicht wahrscheinlich ist. Als Beispiele für solche punktuellen Entsprechungen lassen sich zunächst die dargestellten Inhalte nennen: dass ein Gott diese Welt aus dem Chaos geschaffen hat und ihren Bestand dauerhaft sichert, dass dieser Gott seinerseits durch den ununterbrochenen rechten Kult sowie durch die rechte Lebensführung zufriedengestellt werden muss und dass er den Lauf der periodisch verlaufenden Geschichte von ihrem Anfang bis zu ihrem Ende in teleologischer Weise bestimmt. Zu nennen sind ferner die pessimistische Sicht auf den Geschichtsverlauf und auf die als Endzeit wahrgenommene Gegenwart, der die Aussicht auf einen zukünftigen Entscheidungskampf zwischen Gut und Böse, auf eine schreckliche Umkehrung der kosmischen Ordnung, einen verheerenden Weltenbrand, eine postmortale Existenz, ein vergeltendes Endgericht und eine Heilszeit folgen. Sämtliche dieser Inhalte begegnen in den Texten in unverbundener Gestalt als Objekte der literarischen Beschreibung von visionären Offenbarungsempfängen, Traumvisionen und Himmelsreisen. Auffällig sind auch die Übereinstimmungen in Bezug auf die hierin zum Ausdruck kommende Gegenüberstellung von Bedrückungserfahrung und Heilserwartung und deren paränetische Abzweckung.

»Und dann wird Ägypten …, wenn der 55 Jahre gnädig waltende König von Heliopolis auftritt, der Geber des Guten, eingesetzt von der großen Göttin Isis, sodass die Überlebenden wünschen, die zuvor Gestorbenen möchten auferstehen, damit sie Anteil erhielten an dem Guten. (…) die Sonne. Sie wird [aber] aufleuchten, nachdem sie die Strafe der Bösen an den Tag gebracht hat und den Mangel der Gürtelträger.« AOT, 50

Als Vorläufer der jüdischen und der christlichen Apokalyptik erscheint das aus dem griechisch-ägyptischen Traditionsbereich stammende *Töpferorakel*, eine in Gestalt von fünf Papyrusfragmenten aus dem 2. Jh. v. Chr. und dem 2.–3. Jh. n. Chr. erhaltene literarische Weissagung, deren narrative Rahmenhandlung deutliche Formmerkmale der ägyptischen Königsnovelle trägt. Der griechische Text des Töpferorakels gibt vor, eine Übersetzung aus dem Ägyptischen zu sein. Weitaus wahrscheinlicher ist jedoch, dass sein graeco-ägyptischer Verfasser ihn unter Verwendung älteren einheimischen Traditionsgutes und beeinflusst von »typisch ägyptischen« idiomatischen Wendungen von Anfang an in griechischer Sprache verfasst hat.

Als erzählte Zeit der im 3. Jh. v. Chr. im ptolemäisch beherrschten Ägypten entstandenen Prophezeiungen wird durch eine Rahmenerzählung die Regentschaft des altägyptischen Königs Amenophis festgelegt (vermutlich ist hier Amenophis III. [18. Dynastie; 1388–1351/50 v. Chr.] gemeint). Auch in der Unterschrift eines der Papyrusfragmente wird das Töpferorakel explizit als »Verteidigungsrede des Töpfers vor König Amenophis« bezeichnet. Erzählt wird darin von einem ägyptischen Töpfer, der auf einer Nilinsel – in der unmittelbaren Nachbarschaft eines Tempels der Isis und des Osiris – die von ihm hergestellte Keramik in seinem Töpferofen brennt. Die Priester beklagen, dass der Töpfer durch seine Geschäftigkeit die Gottheit missachte, und sie räumen seinen Brennofen gewaltsam aus. Der Töpfer verteidigt sich daraufhin in einer Gerichtsverhandlung vor dem König Amenophis und teilt ihm in einer ausführlichen Rede seine Weissagungen mit. Ebenso wie der Töpferofen entleert wurde, so werde auch die Stadt Alexandria dereinst entvölkert werden (vgl. Jer 19,1-13). Nach dem Tod des Töpfers lässt der sichtlich beeindruckte Pharao seine Rede aufschreiben und für die Nachwelt archivieren. Dieses Nachspiel bildet zusammen mit der Vorgeschichte eine Rahmenerzählung zur eigentlichen Prophezeiung.

Die Verteidigungsrede des Töpfers beginnt mit Unheilsweissagungen über Ägypten. Diese visionären Beschreibungen der zukünftigen Unglückszeit enthalten zunächst die Ankündigung der Herrschaft von gottlosen Fremden über Ägypten. Unter deren Herrschaft werde es zu Naturkatastrophen wie der Unordnung der Jahreszeiten, der Austrocknung des Nils und einer lebensbedrohenden Dürre kommen. Auch werde die soziale Ordnung im Land durch Unrecht, überhöhte Steuern, Lebensmittelmangel, Familienstreit, Gewalt und Bürgerkrieg zusammenstürzen und es werde Chaos und Leiden im ganzen Land ausbrechen. Alsbald werde sich auch kosmisches Unheil wie die Verfinsterung der

Sonne ereignen. Indes werde die gottlose Stadt der Übeltäter – gemeint ist hier die hellenistische Metropole Alexandria – durch deren Zwist und Uneinigkeit sich selbst vernichten und am Ende gemeinsam mit ihren Bewohnern untergehen. Schließlich werde ein von der Göttin Isis eingesetzter und entsandter einheimischer Heilskönig aus der alten ägyptischen Hauptstadt Memphis auftreten und die eschatologische Wende zu einer freudenvollen Heilszeit für die Bewohner der ägyptischen Chora herbeiführen. Der hiermit einhergehende Untergang der fremden »Gürtelträger« – gemeint sind wohl die hellenisierten Bewohner Alexandrias – wird dabei in deutlicher Weise als eigentliche Voraussetzung für das erhoffte Auftreten eines ägyptischen Heilskönigs gestaltet.

Das Töpferorakel reflektiert in ganz eindrücklicher Weise die immensen sozialen, kulturellen und religiösen Spannungen zwischen der ländlichen Wohnbevölkerung Ägyptens und der mehrheitlich hellenisierten und von einer makedonisch-griechischen Elite regierten Einwohnerschaft Alexandrias zur Zeit der Ptolemäerherrschaft. Die antike Metropole wird dabei mit dem »eigentlichen« Ägypten geradezu kontrastiert. Die in eine ideale Vorzeit projizierten Vorhersagen von aktuellen Geschichtsereignissen lassen die verhasste Stadt und ihre Einwohnerschaft als dem Untergang geweiht erscheinen. Das in dieser perspektivischen Heilsweissagung des Töpfers angekündigte Befreiungsgeschehen erhofft die baldige Selbstvernichtung der gegenwärtig unangreifbaren Fremdherrscher. Die in dieser antigriechischen Weissagung zu erkennende krisenhafte Wahrnehmung der aktuellen Griechenherrschaft durch den wohl der ägyptischen Priesterschaft angehörigen Autor korrespondiert mit der Hoffnung auf die rettenden – und die einstige Größe Ägyptens restituierenden – futurisch-eschatologischen Großtaten eines mächtigen einheimischen Gegenkönigs. Hingegen argumentiert der Text an keiner einzigen Stelle mit erkennbaren geschichtlichen Erfahrungen. Das Töpferorakel reflektiert somit allein die Existenz einer partiellen Opposition mit dezidiert antihellenistischer Ideologie und einer betonten Ablehnung des Auslands und der Ausländer im ptolemäischen Ägypten. Aufgrund des darin zu erkennenden linearen Zeitparadigmas und der Verbindung gegenwartsbezogener Herrschaftskritik mit einer Eschatologisierung nationaler Restitutionshoffnungen hatte das Töpferorakel durchaus die Potenz, als »protoapokalyptische« Schrift rezipiert und adaptiert zu werden. Aus diesem Grund konnte es sich im Verlauf seiner Überlieferung auch neuen politischen und gesellschaftlichen Situationen anpassen. So begegnen in den jüngeren Abschriften des Textes aktualisierend umdeutende Fortschreibungen, die nicht mehr die Griechen Alexandrias, sondern die jüdische Kolonie in der im östlichen Nildelta gelegenen Stadt Leontopolis mit den vom Töpfer geweissagten Übeltätern identifizieren.

»›*Das Unheil ist groß in Ägypten. Weine, Heliopolis im Osten … weine, Hermopolis … die machen die Straßen von Hebit … weine, Theben …‹ Es endete das Lamm die Verwünschungen. Da sagte zu ihm Psenyris: ›Was … ?‹ Es sagte: ›… Vollendung von 900 Jahren, ich werde Ägypten schlagen.‹*« AOT, 48 f.

Aus Ägypten stammt mit der sog. *Prophezeiung des Lammes des Bokchoris* ein weiterer Text mit einer Reihe von Merkmalen, die einen Vergleich mit der jüdischen und christlichen Apokalyptik provozieren. Ein ca. 90 km südwestlich von Kairo entdecktes Papyrusmanuskript enthält einen demotischen literarischen Text, der die in eine Rahmenhandlung eingebetteten Voraussagen eines sprechenden Lammes enthält. Diese Voraussagen werden am Ende des Schriftstücks als fluchartige Unheilsweissagung bezeichnet. Der fragmentarisch erhaltene Papyrus lässt sich exakt auf das Jahr 4 n. Chr. datieren, auch der aramäische Name des Schreibers (Satabus, Sohn des Herieus) wird genannt. Allerdings deutet der Inhalt des Schriftstücks darauf hin, dass seine eigentliche Abfassung zu dem Zeitpunkt seiner Abschrift durch Satabus bereits weit über ein Jahrhundert zurücklag. Die ältesten Ursprünge der in dem Text erhaltenen Traditionen können sogar bis in das 6. Jh. v. Chr. zurückreichen.

Der lückenhafte Text setzt ein mit der Erzählung von einem Ägypter namens Psenyris, der ein altes Buch liest, das die Zukunft Ägyptens offenbart. Psenyris liest das Buch auch seiner schwangeren Frau vor, und beide beschließen angesichts des schweren Unglücks, das dem Land angekündigt wird, ihren Nachwuchs sofort nach der Geburt auszusetzen. Nachdem Zwillinge geboren sind, verwerfen beide jedoch diesen Plan. Nun deutet ein sprechendes Lamm die Weissagungen des Buches, indem es sowohl eine neunhundertjährige Unheilsperiode als auch eine dieser Periode folgende Heilszeit verkündet. Während dieser Heilszeit werde das Lamm selbst über Ägypten herrschen. Nach seiner Prophezeiung stirbt das Lamm und Psenyris begibt sich zu dem – wegen seiner besonderen Weisheit und Gerechtigkeit berühmten – Pharao Bokchoris (24. Dynastie; 717 – 712 v. Chr.), dem das geheimnisvolle Buch vorgelesen wird, woraufhin er das Lamm wie einen Gott bestatten lässt.

Die formal als Verfluchung gestaltete Weissagung des Lammes schildert zunächst eine kommende Chaoszeit in Ägypten. Das auf wundersame Weise sprechende Tier als Orakelkünder repräsentiert dabei den übernatürlichen göttlichen Willen (zu dem in der Antike verbreiteten Motiv vgl. Apk 5,6 ff.). Bokchoris als abschließender Hörer der Offenbarung garantiert das Alter und die Authentizität der Tradition. Während der kommenden Unheilszeit Ägyptens werden, so das Lamm, Ordnung, Recht und Religion bedroht durch den Einfall der persischen Meder. Die religiösen Zentren im Land werden verwüstet und die Städte stimmen die Trauerklage an. Diesem nationalen und religiösen Unglück entspricht eine erschreckende Perversion der überkommenen Naturordnung. So werden Vögel und Fische zu dieser Zeit plötzlich Blut und Fleisch fressen. Jedoch werde die unheilvolle neunhundertjährige Chaoszeit am Ende in eine Zeit des Heils für Ägypten münden, die mit dem Abzug der Meder und der Machtergreifung des Lammes beginnt. In dieser glücklichen Heilszeit werde die Lüge vergehen und die Wahrheit wieder aufblühen. Recht und Ordnung werden wiederhergestellt. Alles werde wieder gut, wie es früher einmal war. Eine endgültige vollständige Umgestaltung dieser Welt oder eine transzendente neue Welt wird vom Lamm des Bokchoris hingegen nicht angekündigt.

Die Prophezeiung des Lammes stellt einer gegenwärtigen nationalen Bedrückungserfahrung eine innergeschichtliche und innerweltliche Heilserwartung für die Zukunft gegenüber. In hoffnungstiftender Weise wird dabei die idealisierte alte Ordnung im Land Ägypten in eine futurische Eschatologie verlagert. Erhofft wird keine endzeitliche Umgestaltung der Welt oder des Kosmos, sondern nur eine vollständige Restitution des Landes in seinem mittlerweile längst vergangenen Glanz. Indem die verhängnisvolle Chaoszeit vom Leser der Schrift als gegenwärtig erlebt wird, erlangt die Schrift ihre eigentliche Pragmatik als Dokument des Trostes und der widerständigen Hoffnung auf ein Ende der aktuellen Fremdherrschaft. Der Erfahrung der faktischen Machtlosigkeit der einheimischen Trägerkreise der Prophezeiung gegenüber Persern und Griechen entspricht die Tatsache, dass die Hoffnung auf einen königlichen nationalen Heilsbringer Ägyptens in die ferne Endzeit verlagert wurde.

In der Prophezeiung des Lamms des Bokchoris spiegelt sich bereits die persische Eroberung Ägyptens im 6. Jh. v. Chr. wider. Der Text scheint seitdem immer wieder aktualisierende Neudeutungen, Überarbeitungen und Erweiterungen erfahren zu haben. Sekundär gegenüber den Weissagungen scheint die Rahmenerzählung zu sein, deren Motivinventar zum Teil auch bei dem graeco-ägyptischen Geschichtsschreiber *Manethon* (3. Jh. v. Chr.) begegnet. Als zeitgeschichtlicher Hintergrund der Prophezeiung des Lammes in ihrer vorliegenden Gestalt ist die unruhige und kriegerische Periode der jüngeren Ptolemäerzeit im ausgehenden 2. Jh. v. Chr. wahrscheinlich.

> *»Der Name Roms, in dem jetzt die Erdscheibe regiert wird, wird von der Erde weggenommen werden, und die Herrschaft wird an Asien zurückfallen, und wieder wird der Osten herrschen und der Westen dienen.«*
> Laktanz, Institutiones VII 15,11

Zu den ältesten vorjüdischen und vorchristlichen Zeugnissen apokalyptischen Denkens gehören auch die *Orakel des Hystaspes* (Χρήσεις Ὑστάσπου) – eine verschollene pseudepigraphe Schrift aus dem iranisch-persischen Raum, von der nur eine Reihe von Fragmenten sowie Anspielungen in der griechischen und lateinischen altkirchlichen Literatur erhalten sind. Die Kirchenväter überliefern nur ein einziges explizites Zitat aus einer zeitgenössischen Sammlung dieser wohl bereits ursprünglich in griechischer Sprache verfassten, im gesamten östlichen Mittelmeerraum kursierenden und offenbar früh christianisierten Orakel. Seinen Namen erhielt der verlorengegangene Text erst im 5. Jh. n. Chr.

Die in ihren ältesten Bestandteilen vermutlich bereits im 3. Jh. v. Chr. entstandene Kompilation verschrifteter Orakelsprüche führt ihren Ursprung auf einen Offenbarungsempfänger und -mittler namens Vištâspa zurück. Hinter diesem persischen Namen verbirgt sich entweder der gleichnamige fürstliche Erstbekehrte und berühmte Beschützer des mythischen Religionsstifters Zarathustra oder aber der Vater des altpersischen Großkönigs Dareios I. (549–486 v. Chr.). Der erstgenannte Fürst galt traditionell als typischer Empfänger und Vermittler göttlicher Offenbarung. Aber auch eine absichtliche Kombination beider Herrschergestalten ist durchaus möglich, denn beide wurden während der hellenistisch-römischen Zeit (gemäß der Regel von der besonderen Zuverlässigkeit und Geltung des Vorzeitlichen und Ursprünglichen) als ideale und nachahmenswerte Beschützer und Vermittler des wahren Glaubens hoch geachtet.

Die Traumvisionen des uralten Perserkönigs enthüllten ihren antiken Lesern den Sinn und das definitive Ziel der Geschichte. Die erhaltenen Texte enthalten eine Periodisierung der Weltzeitalter zwischen Schöpfung und Erlösung, Beschreibungen der gottlosen Sittenverderbnis der desolaten Gegenwart als dem letzten Zeitalter, futurisch-eschatologische Schilderungen des kommenden Endkampfes gegen die gottlosen Glaubensfeinde und insbesondere gegen ihren Herrscher sowie deren Bestrafung und Vertilgung im erhofften vergeltenden Zorngericht Gottes. Dargestellt wird dieses Gericht als eine kosmische *Ekpyrosis* (»Weltenbrand«), aus der schließlich allein die fromme Gemeinde unbeschadet hervorgeht.

Der alte Grundbestand der – inhaltlich wohl zunächst rein iranischen – Orakel des Hystaspes zeigt durchweg einen kritischen orientalischen Blickwinkel auf die Eroberung des persischen Kernlandes durch Alexander d. Gr. (356–323 v. Chr.). Die Vereinnahmung der Persia in den unmittelbaren Einflussbereich des makedonischen Großreiches bedeutete das unaufhaltsame Vordringen der griechischen Kultur in allen ihren Ausprägungen und provozierte dadurch innerhalb der persischen Bevölkerung bald eine dezidiert nationalistische Reaktion in Gestalt einer antihellenistischen Gegenbewegung. Die Orakel des Hystaspes können als literarischer Ausdruck dieser politischen Gegenbewegung gelten. So bezeugen sie eine – objektive oder subjektive – Bedrückungserfahrung durch den übermächtigen Hellenismus. Diese Bedrückungserfahrung wird durch eine intensive Rückbesinnung auf nationale und autochthone religiöse Traditionen und mittels der in den Heilsweissagungen der königlichen Traumvisionen zum Ausdruck kommenden partikularistischen Zukunftshoffnung relativiert. Zugleich lässt sich vor allem in den auf die Gegenwart ihrer Trägerkreise bezogenen Partien der Orakel eine deutliche Herrscherkritik erkennen.

Während des 2. und 1. Jhs. v. Chr. gaben die Orakel des Hystaspes auch außerhalb der Persia der wachsenden Kritik und dem Widerstand gegen den zunehmenden Einfluss Roms in Kleinasien Ausdruck. Hierbei verschmolzen sie immer mehr mit (formal und inhaltlich verwandten) jüdischen und judenchristlichen Traditionen. Erleichtert wurde dieser Amalgamierungsprozess durch ein zu dieser Zeit verbreitetes romantisierendes und idealisierendes Iranbild, in dessen Kontext der ferne persische Osten – das geheimnisvolle »Morgenland« – als geradezu exotische und sagenhafte Quelle der höchsten Weisheit erschien.

»Er habe nun dort gesehen, wie durch den einen jener Spalte im Himmel und in der Erde die Seelen, nachdem sie gerichtet worden, abgezogen seien, (...) durch den anderen hingegen seien reine Seelen vom Himmel herabgestiegen. Und die Ankommenden hätten jedes Mal geschienen, wie von einer langen Wanderung herzukommen.« Platon, Politeia 614d

Auch in der griechisch-römischen Literatur finden sich apokalyptische Motive: Bereits der griechische Philosoph *Platon* (427–347 v. Chr.) überliefert in seiner Schrift *Politeia* (»Der Staat«) einen zusammenhängenden mythischen Text, der ebenfalls Ähnlichkeiten mit Grundgedanken der jüdischen Apokalyptik aufweist. Ganz am Ende seines Werkes (Politeia 614b–621d), dessen zentrales Thema der umfassende Gerechtigkeitsbegriff ist, wird vom Krieger Er, dem Sohn des Armeinios, erzählt, dessen unzerstörbare Seele den schwer verwundeten Körper des Mannes verlässt und vorübergehend ins Jenseits gelangt. Auf wundersame Weise vereinigt sich die Seele Ers nach einigen Tagen wieder mit seinem Körper, und der Überlebende vermag die Reise seiner Seele und ihre Erlebnisse in den himmlischen Sphären zu schildern. Nacheinander werden drei Szenen ausführlich berichtet: Zunächst betritt Er das Totenreich, begegnet dort den Helden der Vorzeit und wird Zeuge sowohl eines himmlischen Gerichtsgeschehens über alle Seelen als auch ihrer tausendjährigen Bestrafung bzw. Belohnung. Sodann erhält der Besucher Kenntnis von der kosmischen Mechanik (»Spindel der Notwendigkeit«) und erfährt von der Aufgabe jeder menschlichen Seele, vor ihrer Rückkehr in die irdische Welt ihr selbst gestaltetes Schicksal aus einer vorgegebenen und begrenzten Zahl von Möglichkeiten frei zu wählen. Schließlich wird dargestellt, dass jede dieser Seelen ihre pränatale Existenz in der himmlischen Welt und auch die Wahl ihres individuellen irdischen Schicksals vergisst, bevor sie – gemäß einer zyklischen Abfolge des Werdens und Vergehens – in einen neuen Körper fährt und von neuem in der irdischen Welt geboren wird.

Der philosophische Mythos von der Himmelsreise Ers in Platons *Politeia* will zeigen, wie die Existenz des gerechten Gottes mit der Existenz des Bösen in der Welt zusammengedacht werden kann. Platon stellt hier die Verantwortung des Menschen auch für seine jenseitige bzw. vorgeburtliche Existenz heraus. Das Schicksal der Seelen in der jenseitigen Welt hat dabei normativen Charakter für die diesseitige Lebensgestaltung. Zugleich prägt das vorherbestimmte Verhalten eines Menschen im hiesigen Leben sein weiteres Ergehen, zum Guten und Bösen, auch im kommenden Leben.

In ähnlicher Weise wie Platon (und sicher in Kenntnis seiner Werke) berichtet auch der römische Schriftsteller und Philosoph *Cicero* (106 – 43 v. Chr.) am Ende seiner Schrift *De re publica* (6,9-29) von einer Traumvision, die dem jüngeren P. Cornelius Scipio Aemilianus Africanus im Jahre 148 v. Chr. widerfahren sein soll und in der er Kenntnis von der Ordnung des Kosmos und von der umfassenden himmlischen Gerechtigkeit erlangte. Der Träumer erfährt, dass die menschliche Seele nur nach einem gerechten Leben in die jenseitige Welt aufgenommen wird. Gerechtigkeit wird dabei belohnt, Ungerechtigkeit hingegen bestraft. Auch diese fiktive Erzählung verfolgt das Ziel, die Vorstellungen ihres Verfassers über Gerechtigkeit und Staatsordnung mittels des Verweises auf ihre kosmische Dimension zu bekräftigen.

Der platonische Er-Mythos und der Traum Scipios berühren sich mit jüdischen und christlichen apokalyptischen Schriften dahingehend, dass in beiden Textcorpora ausgeführte Gerichtsvorstellungen, die Hoffnung auf eine postmortale Existenz, eine dualistische Denkweise, die Vorstellung einer visionären Offenbarung und das Motiv des Einblicks des Offenbarungsempfängers in die Ordnung der transzendenten jenseitigen Welt begegnen. Indem der Mythos mittels des Konzepts der individuellen jenseitigen Existenz und eines hiermit verbundenen Gerichtsgeschehens die gottgewollte Gerechtigkeit angesichts der menschlichen Erfahrung von Unrecht und Kontingenz neu begründet, vermittelt er identitätsicherndes Wissen. Dennoch sind auch deutliche Differenzen zu erkennen. So ist das platonische Seelengericht kein finales Geschehen auf einer linear gedachten Zeitachse, sondern nur ein Zwischengericht in einem (in Analogie zur Natur) zyklisch-periodisch ausgerichteten kosmischen System. Zudem hat der platonische Mythos keine unmittelbare paränetische Funktion, denn das eigentliche Ziel der Erkenntnis der wahren Gerechtigkeit ist hier nicht die Begründung der eigenen Moral, sondern die Kultivierung der eigenen Seele. Allenfalls berühren sich das Zukunftsbild der jüdischen Apokalyptik und die hellenistisch-römische Vorstellung punktuell dahingehend, dass der belebende Geisthauch immer wieder allmählich aus der Welt verschwindet, bis sie schließlich in einem gewaltigen Feueruntergang (*Ekpyrosis*) verbrennt (vgl. Seneca, *Quaest. nat.* 3,29; 2. Petr 3,7), was seinerseits ihre Neuschöpfung (*Palingenesia*) erst ermöglicht. Im Werk Ciceros begegnet der bereits bei Homer etablierte Gedanke der Furcht vor einer Verdammung im drohenden postmortalen Gericht als Motivierung des gegenwärtigen Verhaltens. Auffällig ist eine gewisse funktionale Übereinstimmung beider Texte mit der »Apokalyptisierung« der Prophetie und der Weisheit im antiken Judentum aufgrund des undeutlich gewordenen Tun-Ergehen-Zusammenhangs. Auch im platonischen Er-Mythos spiegelt sich die kritische Infragestellung bisheriger Begründungen der menschlichen Lebensdeutung wider, nämlich der traditionellen Götterverehrung und der älteren Orakel und Mysterienkulte.

Literatur

von der Osten-Sacken, Peter, Die Apokalyptik in ihrem Verhältnis zur Prophetie und Weisheit (TEH 157), München 1969.

3

Die apokalyptische Bewegung im antiken Judentum

Das apokalyptische Denken im antiken Judentum beruht auf einer kreativen Fortentwicklung normativer, narrativer und prophetischer Traditionen der hebräischen heiligen Schriften und ihrer schöpferischen Verknüpfung mit Elementen aus der vielgestaltigen Religion und Kultur der nichtjüdischen Welt. Die Vorstellung einer innerweltlichen Heilsgeschichte Israels konnte sich im antiken Judentum der exilisch-nachexilischen Zeit nicht mehr halten. Die grundlegende Funktion des apokalyptischen Denkens bestand deshalb darin, ein Festhalten an der Vorstellung von der schöpferischen Allmacht des gerechten Gottes Israels in der Vergangenheit, Gegenwart und Zukunft seines Volkes trotz einer von den Frommen in pessimistischer Weise als defizitär und krisenhaft wahrgenommenen Wirklichkeit zu ermöglichen. Die gegenwärtige Welt galt der jüdischen Apokalyptik als heilsunfähig. Allein ihr radikales Ende durch das Eingreifen Gottes selbst wurde als Weg der Frommen zum Heil betrachtet. Die apokalyptische Eschatologie fand ihren literarischen Ausdruck in zahlreichen Texten, in denen sich sowohl die optimistischen Zukunftshoffnungen als auch historische Ereignisse und die Lebenswirklichkeit ihrer antiken Autoren und Adressaten widerspiegeln.

Wie kann die Apokalyptik in die Religionsgeschichte des antiken Judentums eingeordnet werden? Bei der Suche nach einer Antwort auf diese Frage ist vorab anzumerken, dass die Trägerkreise der jüdischen Apokalyptik sicher von keinem ihrer Zeitgenossen als »Apokalyptiker« identifiziert wurden. Als ebenso sicher kann gelten, dass der Begriff als Selbstbezeichnung einer bestimmten Gruppe oder eines Individuums niemals existierte. Ebenso wie die – grundsätzlich vielgestaltige – jüdische Religion gab es von Anfang an zudem nicht »die« einheitliche apokalyptische Bewegung mit eindeutig erkennbaren religiösen, sozialen und politischen Konturen, sondern unterschiedliche apokalyptische Strömungen, Zirkel und Gruppen.

Um – unbeschadet ihrer prinzipiellen Heterogenität – spezifische Merkmale und Tendenzen der apokalyptischen Bewegung zu erkennen, müssen einige grundlegende Aspekte der jüdischen Religion in hellenistisch-römischer Zeit in groben Zügen skizziert werden. So können als deren übergreifende Kennzeichen der exklusive und bildlose Monotheismus, das Bewusstsein der eigenen Erwähltheit als Volk Gottes und die Ausrichtung des Lebens nach den Weisungen der heilstiftenden und unmittelbar von Gott geoffenbarten Tora gelten.

Der jüdische Monotheismus bedeutete den Glauben an den einen und einzigen Gott Israels als heilstiftenden Weltschöpfer und Inbegriff des positiven ethischen Willens und dessen Verehrung durch Tempelopfer und Synagogengottesdienst, wobei Auffassung und Gottesdienst von traditionell orientierten Juden zu keiner Zeit mit einer anderen nichtjüdischen Gottheit verbunden wurden. Der exklusive Charakter des jüdischen Gottesdienstes schloss eine solche religionsübergreifende Gleichsetzung in Mythos und Kult kategorisch und prinzipiell aus.

Das nach dem Ende des babylonischen Exils neu erbaute Jerusalemer Tempelheiligtum war der religiöse und nationale Mittelpunkt des antiken Judentums und das politische und wirtschaftliche Zentrum des Tempelstaates Judäa. Seit der großen Religionskrise unter Antiochos IV. (s.u. 39f.) wurde es zudem zum zentralen Identifikationssymbol, an das sich die tradierten Ursprungserfahrungen des Judentums knüpften. Diese besondere Bedeutung des Jerusalemer Tempels blieb kennzeichnend für die gesamte hasmonäische Ära, obwohl der Tempelkult bald auch zum umstrittenen Symbol für gruppenspezifische Interessenlagen wurde. Gerade die Hasmonäerherrschaft bedeutete für Teile des Judentums eine bedrohliche Infragestellung der Traditionsbindung des praktizierten Tempelkultes. Dessen Tauglichkeit wurde deshalb von traditionstreuen und antipriesterlichen Kreisen mehrfach bestritten bzw. durch die utopische Konzeption eines idealen endzeitlichen Tempelkultes negiert.

Die heilsgeschichtlich verankerten, rechtlichen und kultischen Traditionskomplexe der Tora waren in der Perserzeit auf der Basis einer Sichtung und Neufassung alter mündlicher und literarischer Überlieferungen zu einem geschlossenen und fortan relativ einheitlich überlieferten Textcorpus ausgehärtet, das zum bestimmenden Basisdokument für die religiöse und politische Konstitution des Judentums in der hellenistisch-römischen Epoche wurde. Unter Aufnahme weisheitlicher Traditionen hatte sich über die Jahrhunderte die Vorstellung entwickelt, in der Tora als Zeichen der Erwählung und Verpflichtung Israels seien der offenbarte allumfassende Gotteswille, das präexistente Werkzeug bzw. der Bauplan der Schöpfung und der einzige Weg des Frommen zum individuellen und kollektiven Heil enthalten. Eine besondere Funktion kam der Tora infolge dieser Neuakzentuierung hinsichtlich der Formulierung und Aufrechterhaltung der jüdischen Gruppenidentität durch torakonformes Verhaltens angesichts des von der nichtjüdischen Umwelt ausgehenden – bzw. wahrgenommenen – Assimilationsdrucks zu. Nichtpriesterlichen (und dissidenten priesterlichen) Strömungen wie der pharisäischen Bewegung und der Gemeinschaft von Qumran (s. u. 65 ff.) wurde die Tora als verbindliche Lebensnorm zum Vehikel sowohl der eigenen religiösen und sozialen Statusdefinition (neben ihrer Partizipation am Tempelkult) als auch der Bestreitung des Anspruchs der Jerusalemer Tempelpriester auf exklusive Heilsmittlerschaft.

Die Entstehung und Entwicklung der jüdischen Apokalyptik ist unlösbar mit der griechischen Kolonisation und dem Vordringen des Hellenismus seit dem ausgehenden 4. Jh. v. Chr. verbunden. Der Hellenismus als allgemeines Zivilisationsmuster, das den östlichen Mittelmeerraum in einem langwierigen Prozess zu einer kulturellen Einheit zusammenfasste, bedeutete die sukzessive Durchdringung der vorderorientalischen Lebenswelt mit griechischer Kultur und Lebensart und deren Rezeption in allen Bereichen des jüdischen Lebens, in Sprache und Literatur, Religion und Philosophie, Wissenschaft und Kunst, Politik und Wirtschaft, Bildung und Erziehung. Zugleich strömten mit den vielfältigen kulturellen Einflüssen benachbarter Reiche (z. B. Ägypten und Persien) auch zahlreiche geschichtliche und mythische Traditionen in den jüdischen Kulturbereich. Das Aufeinandertreffen der traditionellen religiösen und kulturellen Orientierung des Judentums und der dominierenden Kultur seiner Umwelt wurde von den Menschen je nach ihrem individuellen Standpunkt und ihrer persönlichen Lebenssituation als Bedrohung, Herausforderung oder Bereicherung der eigenen kulturellen und religiösen Identität empfunden.

Das traditionelle jüdische Gottesbild der Zionstradition und die Überzeugung von der heilstiftenden Funktion des Tempelkults waren angesichts der Defizienz- und Ohnmachtserfahrung der apokalyptischen Bewegung fragwürdig geworden. Zu offensichtlich war der Widerspruch zwischen den traditionellen Heilshoffnungen und der erfahrenen Wirklichkeit. Zugleich bedeuteten der zunehmende hellenistische Einfluss und die damit einhergehende Erweiterung des kulturellen Horizontes auch eine Entwicklung hinsichtlich des Geschichtsmodells und der Weltbetrachtung. Die Beantwortung der Doppelfrage nach der Gerechtigkeit Gottes und nach der Relevanz der Erwählung seines Volkes Israel konnte nun auf der Basis eines linearen Zeitbegriffs und einer Individualisierung des religiösen Bewusstseins erfolgen. Die Apokalyptik stellt demnach eine besondere Art und Weise dar, angesichts einer als chaotisch und unentwirrbar erlebten Weltlage eine Art von Weltorientierung zu formulieren und zu vermitteln.

Die leitenden Themen der unterschiedlichen apokalyptischen Strömungen und Bewegungen sind durchaus nicht nur Spekulationen über den zukünftigen Geschichtsverlauf und das kommende Weltende, sondern auch die umfassende Erklärung von Geschichte und Gegenwart. Ihre zentralen Anliegen sind die Vermittlung einer sinn- und identitätstiftenden Deutung der gegenwärtigen Erfahrungswelt mittels der Enthüllung transzendenten Wissens und die Steuerung der Rezeption dieses Wissens in Übereinstimmung mit – jeweils für bestimmend erachteten – Segmenten aus der religiösen Tradition des Judentums.

Die geschichtliche Einordnung der apokalyptischen Bewegung

Die Apokalyptik ist ein Krisenphänomen, denn sie stellt eine Reaktion auf gesellschaftliche und politische Umbrüche dar. Sie dient also der Deutung und Bewältigung von Krisensituationen. Die hermeneutische Grundannahme der historischen Bedingtheit der frühjüdischen apokalyptischen Texte führt zu der Frage, welche besonderen geschichtlichen Vorgänge und Ereignisse sich in ihnen widerspiegeln. In der religionsgeschichtlichen Forschung am weitesten verbreitet ist gegenwärtig die These von der Entstehung der jüdischen Apokalyptik zur Zeit der sogenannten »makkabäischen Krise«.

Von entscheidender Bedeutung für die Entstehung der jüdischen Apokalyptik war der Versuch eines Teils der Jerusalemer Tempelaristokratie, die Stadt mit Hilfe des Seleukidenherrschers Antiochos IV. im Jahre 167 v. Chr. gewaltsam in eine hellenistische Metropole zu verwandeln, um so rücksichtslos die eigene Machtposition zu festigen. Ein von den jüdischen Modernisten erwirktes Religionsedikt der seleukidischen Vormacht setzte die Tora als Staatsgesetz Jerusalems außer Kraft und verbot den toragemäßen Opferkult, die Beschneidung und alle jüdischen Feste innerhalb des Tempelstaates. Zudem wurde in Jerusalem vorübergehend der Kult des Zeus Olympios eingeführt und der syrische Baalskult legitimiert. Die grundsätzliche Tendenz dieser gewaltsam durchgesetzten Verordnungen bestand in der Verhinderung des jüdischen Tempelopfers, der völligen Abschaffung der Tora und in der Aufhebung der jüdischen Kultzentralisation.

Der gewaltsame Umsturzversuch einer privilegierten Minderheit stieß rasch auf den heftigen Widerstand all derer, die durch diese – als bedrohliche religiöse und kulturelle Erosion empfundenen – Hellenisierungsbestrebungen die politische Reichweite von Tempel und Tora und die eigene statusbestimmende Lebensgrundlage, die eigene Macht und Autorität als Priester, Schriftkundige oder Tempelbeamte bedroht sahen. Es ist zu beachten, dass sich diese durch Anpassung und Widerspruch gekennzeichnete Entwicklung nicht vorwiegend zwischen pro- und antihellenistischen Angehörigen verschiedener sozialer Schichten in Judäa vollzog, sondern vor allem innerhalb der Jerusalemer Oberschicht. Den Makkabäerbrüdern, Söhnen des Priesters Mattatias aus Modein, gelang es schließlich, eine »konservative« antihellenistische Sammelbewegung zu führen und diese Bestrebungen gewaltsam abzuwehren.

Als (tatsächlich ebenfalls hellenistisch geprägte) theologische Reaktion und als Bewältigungsversuch dieser aktuellen Verunsicherungs- und Krisenerfahrung und der sich aus dem Martyrium vieler Frommer ergebenden Theodizeefrage verstärkte sich die Funktion der eschatologischen Geschichtskonzeption der Apokalyptik, die Frage nach der Gerechtigkeit Gottes antizipierend zu beantworten und die jüdische Religionsgemeinschaft – bzw. die eigene Gruppe als deren Idealbild – angesichts der von ihr als grundlegend defizitär und als krisenhaft erlebten Gegenwart zu stabilisieren. Auch unter der Regentschaft der jüdischen Hasmonäerdynastie im ausgehenden 2. und im 1. Jh. v. Chr., der von Seiten der Frommen nicht nur Machtstreben, Korruption und Opportunismus, sondern auch mangelnde Traditionsbindung zur Last gelegt wurde, wirkte das Mentalitätsphänomen »Apokalyptik« fort.

Die Wahrnehmung der jüdischen Apokalyptik allein als Krisensymptom und Verfallsdiagnose greift indes zu kurz. Zum einen muss weder eine subjektiv wahrgenommene oder befürchtete Krise noch eine Erschütterung der individuellen oder gruppenspezifischen Identität eine tatsächlich existente und aktuelle religiöse, politische oder wirtschaftliche Bedrohung bedeuten. Es ist unwahrscheinlich, dass die katastrophischen Schilderungen der Gegenwart in apokalyptischen Texten durchweg der Realität zur Zeit ihres Entstehens entsprechen. Zum anderen wurden apokalyptische Themen bereits lange Zeit vor der »makkabäischen Krise« und auch in konfliktarmen Epochen formuliert. Seit dem 5. Jh. v. Chr. trat die Jerusalemer Priesterschaft als einzige auch in der Krisenzeit des babylonischen Exils noch organisierte und verfasste gesellschaftliche Gruppe gegenüber dem eigenen Volk und gegenüber den persischen Behörden zunehmend als Repräsentantin der Allgemeinheit auf. Dieser Alleinvertretungsanspruch provozierte bereits in der zeitgenössischen prophetischen Literatur heftige Opposition und eschatologisch ausgerichtete Kultkritik (vgl. Jes 66,1 f.; Mal 1,6 ff.). Sowohl die Priesterkritik nichtpriesterlicher Gruppen als auch ideologische und politische Konflikte innerhalb der Tempelpriesterschaft selbst spiegeln sich in der Wahrnehmung von Tempel, Theokratie und Tempelopfer in den ältesten apokalyptischen Schriften wider (vgl. äthHen 6-16). Die Hellenisierung Palästinas konnte von Teilen der jüdischen Bevölkerung bereits im 4. Jh. v. Chr. als kulturelle und religiöse Bedrohung wahrgenommen werden und eine Orientierungskrise auslösen, obwohl sie tatsächlich in nahezu allen Lebensbereichen rezipiert wurde. Bereits im 3. Jh. v. Chr. begünstigten die Politik der hellenistisch orientierten jüdischen Aristokratie und ihrer nichtjüdischen Unterstützer in Jerusalem und die hiermit einhergehende Bedrohung der Sozialstruktur revolutionäre Neigungen und das Entstehen von apokalyptischen Strömungen. Die dabei anfänglich leitenden Motive waren weder futurische Eschatologie noch Geschichtsspekulation. Vielmehr wollten die ältesten apokalyptischen Texte (z. B. das Danielbuch und die Bilderreden im äthiopischen Henochbuch [äthHen 1-36; vgl. insb. 4Q 208]) ihren Adressaten vor allem gegenwärtige Weltorientierung durch transzendentes und uraltes Wissen vermitteln (s. u. 59 ff.). In Gestalt von Mythen hatte dieses Wissen bereits seit Jahrhunderten gemeinschaftliches Handeln durch das Erzählen gemeinsam bewohnter Geschichten motiviert.

Die Aufgabe der traditionellen Idee einer innerweltlichen Heilsgeschichte Gottes mit dem Volk Israel führte bereits während der frühen hellenistischen Epoche auch dazu, dass »Israel« unter apokalyptischen Vorzeichen neu definiert wurde. Als das wahre Volk Gottes galten fortan nur die Frommen, die ihm auch in der gegenwärtigen bösen Zeit treu geblieben waren und strikt nach seinem Willen, der sich in der Tora manifestiert, lebten. Allein ihnen galt die Heilszusage der apokalyptischen Eschatologie, die Herrschaft Gottes als Heilszeit zu erleben, während alle Sünder und Gottlosen seinem Gericht verfallen. Diese Auffassung vom Handeln Gottes am Ende der Geschichte bezog sich nicht nur als partikularistisches Rettungsszenario zum Wohle der eigenen Gemeinschaft auf Israel allein, sondern schloss die gesamte Völkerwelt – entweder als Objekte des göttlichen Gerichtshandelns oder als dessen Werkzeug – mit ein. Sie war also letztendlich universalistisch ausgerichtet.

Die soziale Verankerung der apokalyptischen Bewegung

Die Apokalyptik hat wie jedes religiöse System bestimmte soziokulturell bedingte Ursachen, Kennzeichen und Funktionen. Welche Menschen in welchen Lebenssituationen bedienen sich der apokalyptischen Vorstellungen und Endzeiterwartungen, um ihr Leben und die sie umgebende Weltlage sinnhaft und in Übereinstimmung mit ihren religiösen Überzeugungen zu deuten? Welches gesellschaftliche Deutungs- und Steuerungspotential kommt den apokalyptischen Vorstellungskomplexen zu? Naheliegend – und in der älteren Literatur wiederholt anzutreffen – ist die Auffassung, dass die Apokalyptik als religiöses Unterschichtphänomen von Anfang an eine Literatur der Zukurzgekommenen und Übervorteilten als Ausdrucksmittel ihres sozialen Protests hervorgebracht habe. Indem den Adressaten dieser Literatur ihre eigene Position in der vergehenden Welt und in der Geschichte geoffenbart werde, könnten sie diese erkennen und interpretieren, um so den erlebten elementaren Mangel und die Situation des machtlosen Unterworfenseins im Blick auf den erwarteten Lohn in einer heilvollen Zukunft in tröstender Weise zu kompensieren und die widrigen und frustrierenden sozio-ökonomischen Lebensumstände somit erträglich zu gestalten. Auch die apokalyptische Hoffnung auf Auferweckung und postmortale Gerechtigkeit, d. h. auf ausgleichende Belohnung aller Frommen und Bestrafung ihrer Unterdrücker, wäre dann in erster Linie eine Antwort auf die Theodizeefrage angesichts der Martyriumserfahrungen der macht- und wehrlosen Gerechten (vgl. 2. Makk 7,9-14). Das antike Judentum übernahm hier auch Motive der griechischen Eschatologie wie das dualistische Bild vom Menschen als Kompositum aus Leib und leibfreier, die Auflösung des Körpers überdauernder Seele.

Gegen diese Auffassung spricht eine Reihe inhaltlicher Beobachtungen: Zunächst ist hinsichtlich der antiken jüdischen Apokalyptik festzuhalten, dass das Ideal der kultischen Reinheit der Heilsgemeinde einen gesellschaftlichen Status voraussetzt, der es erlaubt, die hierzu notwendigen Gebote umfänglich zu bewahren. Die Sehnsucht der apokalyptischen Bewegung nach besonderer Reinheit (vgl. Jub 21) setzt ein hohes Maß an sozialer Autarkie voraus. Diese Autarkie wiederum war für Angehörige der nichtpriesterlichen Unterschicht schwerlich zu erlangen. Ebenso ist zu beobachten, dass die Selbstbezeichnungen der gedachten Verfasser mehrerer apokalyptischer Schriften als »intellektuelle« weise Schreiber (vgl. äthHen 12,3 f.; Jub 4,17-19; 4. Esr 14,47) eine hervorgehobene soziale Stellung implizieren. Auch das enzyklopädische Wissen, die mitunter durchscheinende hohe literarische Qualität und das außergewöhnliche Maß an Kenntnis der verbindlichen heiligen Schriften des Judentums, das die apokalyptischen Texte immer wieder unter Beweis stellen und implizit voraussetzen, sprechen schließlich dafür, dass ihre Verfasser einen gewissen Status hatten und – zumindest religiös, d. h. »schriftgelehrt« – gebildet waren.

Es gab im antiken Judentum sicher keine konturierte und homogene apokalyptische Bewegung (und erst recht nicht die Gruppenbezeichnung »Apokalyptiker«), sondern nur unterschiedliche apokalyptische Zirkel und Gruppen, die zu verschiedenen Zeiten an verschiedenen Orten agierten. Die heterogenen Trägerkreise dieser frühesten jüdischen Apokalyptik lassen sich weder in vereinheitlichender Weise soziokulturell einordnen noch als breite »volkstümliche« Bewegung definieren. Als durchaus denkbar erscheint indes der prägende Einfluss marginalisierter ehemaliger altgläubiger Eliten auf die jüdische Apokalyptik im Sinne einer »Privatdozentenreligion«. Auf der Basis dieser Annahme erklärbar wäre dann auch die kritische Position der Apokalyptik gegenüber dem als untauglich betrachteten praktizierten Tempelkult ihrer Zeit.

Offenbar besaßen viele der von ihren angestammten Positionen verdrängten religiösen Funktionsträger weitaus mehr Bildung als Besitz. Ihre Selbstwahrnehmung als ausgegrenzte bzw. dissidente Minderheit erstreckte sich nicht nur auf ihr Verhältnis zur aktuellen religiösen Führung, sondern auch auf ihr Verhältnis zum religiösen Hauptstrom, zur Masse des Gottesvolkes. Das Verhalten beider Gruppen wurde von ihnen – zuweilen wohl auch mit dem Stolz der vermeintlich Auserwählten – als verfehlt und gottlos wahrgenommen.

In dem Ohnmachtsbewusstsein der apokalyptischen Bewegung gegenüber dem Lauf der Welt spiegelt sich nicht so sehr das Selbstverständnis einer unterprivilegierten Gemeinschaft wider, von der religiösen und gesellschaftlichen Gestaltung ausgeschlossen zu sein, sondern eher die Deprivationserfahrung ehemaliger Gestalter des religiösen und gesellschaftlichen Lebens. Eine solche Erfahrung kann sowohl zu einem sektiererischen Rückzug aus der Mehrheitsgesellschaft als auch zu aktivem Widerstand gegen sie führen. Die Hoffnung auf das bevorstehende heilvolle Eingreifen Gottes zugunsten der Frommen führt dazu, dass die apokalyptische Eschatologie ihre Kraft vor allem in Zeiten der Unterdrückungs- und Verfolgungserfahrung entfaltet. Die hiermit einhergehende Relativierung weltlicher Machtstrukturen und die Distanzierung von vorgegebenen Regeln und Konventionen können dazu führen, dass gegen diese Strukturen und Regeln bzw. gegen ihre Repräsentanten auch gewaltsam vorgegangen wird.

Die religiös begründeten Abgrenzungsbestrebungen der apokalyptischen Bewegung haben auch eine soziale Funktion innerhalb dieser Gemeinschaft. Im Rahmen der apokalyptischen Vorstellungswelt wird als Konsequenz jeglichen abweichenden Verhaltens die zukünftige Bestrafung durch den Zorn Gottes im Endgericht erwartet bzw. der gegenwärtige Ausschluss aus der eigenen Gruppe vollzogen. Die Furcht vor dieser zweifachen Bestrafung soll die Angehörigen der apokalyptischen Gemeinschaft motivieren, den Konformitätserwartungen und dem Assimilationsdruck ihrer Umwelt konsequent standzuhalten.

Als eine der ältesten geschichtlich greifbaren, apokalyptisch motivierten Gruppen gelten die im 1. und 2. Makkabäerbuch erwähnten *Hasidäer*. Der Begriff »Hasidäer« entspricht dem hebräischen Wort Chasidim (»Fromme«). Seit den Religionsverfolgungen der Seleukidenzeit stellten die Hasidäer ein Sammelbecken der toratreuen jüdischen Opposition gegen die Hellenisierungsbestrebungen der heidnischen Syrer und ihrer jüdischen Gefolgsleute in der Aristokratie des Tempelstaates Jerusalem dar. Ihrer streng theozentrischen Haltung und ihrem rigorosen Bestreben nach bundesgemäßer Heiligkeit und Reinheit entsprach die Ausübung einer möglichst strengen religiösen Observanz in sämtlichen Bereichen ihres persönlichen Lebens. Die Schilderung ihrer Weigerung, sich am Sabbat kämpfend zu verteidigen (1. Makk 2,29-38), lässt sich als Reflex ihrer Erwartung eines exklusiven rettenden Eingreifens Gottes in die Geschichte zugunsten seines treuen Bundesvolkes deuten. Auch der Realpolitik der Hasmonäerherrscher standen die Hasidäer wohl distanziert gegenüber, da sie diese als eine Aneinanderreihung von eklatanten Verstößen gegen die Tora und zudem als unzulässige Vorwegnahme der erhofften göttlichen Rettungstat betrachteten. Die hasidäische Bewegung kann durchaus als impulsgebend für die weitere Entwicklung anderer apokalyptischer Gruppen im Judentum nach der »makkabäischen Krise« verstanden werden.

Apokalyptik und Ethik

Die eigentümliche Vorstellungswelt und das besondere Geschichtsverständnis der Apokalyptik provozieren die Frage, ob innerhalb dieses Denksystems auch die Ethik eine Begründung und eine Funktion haben kann. Schließlich gehört zu den zentralen Inhalten der apokalyptischen

Vorstellungswelt, dass die Zukunft bzw. die transzendente Gegenwelt durch innergeschichtliche Vorgänge in dieser Welt überhaupt nicht beeinflusst wird. Begründet dieser offensichtliche »Welt- bzw. Geschichtsverlust« der Apokalyptik also eine komplette Aufgabe der Ethik als eines Bedenkens des menschlichen Handelns? Provoziert die Unerreichbarkeit und Verborgenheit des Heils eine ethische Passivität, die die Gegenwart nicht mehr aktiv gestalten will, sondern sie nur noch passiv erduldet in der Hoffnung auf die zukünftige Rettung durch das radikale und totale Eingreifen Gottes? Ist also auch jegliche innerweltliche und innergeschichtliche Anleitung zur Verhaltensänderung angesichts des erwarteten Weltendes letztendlich funktionslos?

Tatsächlich nehmen ethische Themen und paränetische Aufforderungen und Mahnungen in der apokalyptischen Literatur des antiken Judentums keinen allzu breiten Raum ein. Trotzdem kann die Ethik durchaus als integraler Bestandteil des apokalyptischen Denksystems gelten. In dem von der apokalyptischen Eschatologie erwarteten universalen Gerichtshandeln Gottes entscheiden sich nämlich Belohnung und Bestrafung auch am individuellen Verhalten gegenüber den Geboten Gottes. Die geoffenbarte Zukunft wird somit auf die Gegenwart als Entscheidungssituation bezogen. Der Mensch bekommt hier also individuelle Selbstverantwortung über seinen eigenen Tod hinaus. Unbeschadet des teleologisch ausgerichteten Geschichtsbildes der Apokalyptik gilt die böse und gottlose Tat als individuell vermeidbar. Die Tora (bzw. die biblisch-jüdische religionsgesetzliche Tradition) wird somit – unter Relativierung des traditionellen Bundesgedankens – zur eigentlichen Ordnung und zur Norm des Endgerichts. Sie wird zum gegenwärtigen Maßstab des künftigen Gerichtsgeschehens. Die Bewahrung des Gesetzes qualifiziert den Frommen für seine Teilhabe am endzeitlichen Heil (vgl. äthHen 92-105; syrBar 54; 4. Esr 13), und sie ermöglicht ihm eine neue Orientierung angesichts seiner als bedroht und prekär wahrgenommenen eigenen Existenz. Das eigenverantwortliche ethische Verhalten des Frommen gemäß den Geboten der Tora ist soteriologisch bedeutsam, denn es bestimmt sein endzeitliches Geschick. Ein Leben nach den Geboten Gottes in der sündenverfallenen gegenwärtigen Welt ist letztendlich unbedingt heilsnotwendig. Es wäre demnach nicht sachgemäß, Ethik und apokalyptische Eschatologie gegeneinander auszuspielen.

Im Rahmen dieser apokalyptischen Gerichtskonzeption wurde als Konsequenz devianten Verhaltens sowohl seitens eines Angehörigen der paganen Welt als auch seitens eines Mitglieds der eigenen Gemeinschaft nicht nur die zukünftige Bestrafung durch den Zorn Gottes im universalen Endgericht erwartet, sondern auch der gegenwärtige Ausschluss aus der Heilsgemeinde Israels vollzogen. Die Furcht vor dieser zweifachen Bestrafung sollte die Angehörigen der apokalyptischen Gemeinschaft offenbar motivieren, den Konformitätserwartungen und dem andauernden Assimilationsdruck ihrer Umwelt konsequent standzuhalten. Der eschatologischen Belehrung kommt auch in dieser Hinsicht die soziale Funktion einer ethischen Motivierung zu.

Indem der jüdische apokalyptische Visionär der ihn von allen Seiten umgebenden heil- und gottlosen Welt die – ihm exklusiv geoffenbarte und von ihm als Belehrung an seine Adressaten weitergegebene – Schilderung einer transzendenten »eigentlichen« Welt gegenüberstellt, in der Gerechtigkeit und Heil gemäß dem ursprünglichen Schöpferwillen Gottes in vollem Umfang existieren, motiviert er nicht nur Ausharren und gerechtes Handeln im Blick auf das eigene individuelle Geschick im Endgericht. Er überträgt diesen ethischen Maßstab zugleich als allgemeinen Anspruch auf das gesamte Volk Israel bzw. auf alle Menschen. Seine Weltsicht ist dementsprechend eben nicht durch Passivität und Pessimismus bestimmt, sondern durch das exklusive Wissen um die heilstiftende Bedeutung des Willens und der Gebote Gottes und durch die feste Zuversicht, sich gerade aufgrund dieses Wissens aktiv in der Welt bewähren zu können, um als Gerechter im kommenden Gericht zu bestehen. So verstanden begründet die apokalyptische Eschatologie die Ethik, indem sie die Gegenwart als eine Zeit der Vorbereitung auf das Endgericht und auf das erhoffte Heil zu verstehen lehrt.

Torafrömmigkeit und Apokalyptik schließen sich nicht aus. Die eschatologischen Erwartungen der apokalyptischen Bewegung beeinflussen die Gestaltung ihres gegenwärtigen Verhaltens und sie beeinflussen auch die Deutung ihrer Mitwelt. Mögliche Konsequenzen hieraus können sowohl die aktive Abwehr als auch das geduldige Ertragen der herrschenden religiösen und gesellschaftlichen Verhältnisse sein. Beide Aktionsweisen sind gleichermaßen in der religiösen Tradition und in der eschatologischen Zukunftshoffnung verankert. Das apokalyptische Denksystem erhält somit auch einen dezidiert politischen Bedeutungsaspekt. Die Bezeichnung der jüdischen Apokalyptik als »Widerstandsliteratur« hat hier ihren Ort.

Literatur

Bedenbender, Andreas, Der Gott der Welt tritt auf den Sinai (ANTZ 8), Berlin 2000.

Apokalyptische Literatur

Wichtigster Ansatzpunkt der Definition und der Bestimmung der religions- und kulturgeschichtlichen Stellung der Apokalyptik als religiösem Phänomen im antiken Judentum und im frühen Christentum ist die apokalyptische Literatur. Die während der gesamten hellenistisch-römischen Epoche entstandenen apokalyptischen Schriften enthalten exklusive Offenbarungsmitteilungen eines transzendenten göttlichen Heilsplans bzw. Deutungen des Weltlaufs und Enthüllungen des erwarteten Weltendes mittels verschiedener Sprech- bzw. Offenbarungsmodi. Die wichtigsten dieser Modi sind Orakel, Epiphanien, Traumbilder und ekstatische Visionen im Wachzustand. In der literarischen Apokalyptik offenbaren sich Verzweiflung, Rachephantasien, Sehnsüchte und Hoffnungen ihrer Autoren und Adressaten. Als »Krisenliteratur« spiegeln die apokalyptischen Texte den anhaltenden Konflikt von fremder Macht und eigener Ohnmacht wider. Jüngere Apokalypsen können sich in ihrer Funktion deutlich von dem entfernen, was in älteren Texten als Ausgangsimpuls für die Entstehung der Textsorte zu beobachten ist.

»Apokalyptisch nennen wir eine Redeform, die wir in solchen Texten vorfinden, deren Autoren die Leser zu Beginn darüber informieren (…), dass sie ihnen etwas mitteilen, was menschlicher Erkenntnisfähigkeit bisher verschlossen war, weil es nur im Wege einer kognitiven Grenzüberschreitung zugänglich ist. Der vorliegende Text erhebt dabei den Anspruch, diesen Inhalt erstmals in den Bereich der menschlichen Erkenntnis zu überführen und ihn damit bekannt zu machen.« Michael Wolter, NTS 51, 181

Die Textsorte »Apokalypse«

Die Beantwortung der Frage, was eigentlich unter »apokalyptischer Literatur« zu verstehen ist, setzt das Vorhandensein gemeinsamer Merkmale bei allen Texten voraus, welche unter diesen Oberbegriff fallen. Da die Benennung eines solchen Textes als »Apokalypse« eigentlich zur Wirkungsgeschichte der Johannesoffenbarung gehört, könnte man unter dem Begriff zunächst einmal solche Offenbarungsschriften subsumieren, die hinsichtlich ihrer Form, ihres Inhalts, ihrer Dramaturgie und ihrer Funktion von diesem neutestamentlichen Text abhängig oder durch ihn beeinflusst sind. Nun begegnen literarische Zeugnisse des apokalyptischen Denksystems bereits mehrere Jahrhunderte vor der Abfassung der Johannesoffenbarung – gerade die Schrift, die der Textsorte »Apokalypse« ihren Namen gegeben hat, stellt also nicht den Ausgangspunkt einer religionsgeschichtlichen und literarischen Entwicklung dar, sondern nimmt nur eine bestimmte (und durchaus problematische) Position innerhalb dieser Entwicklung ein. Die – auch aus anderen Gründen höchst problematische (s. u. 108) – grundlegende Orientierung der Beschreibung der Textsorte »Apokalypse« an der neutestamentlichen Johannesoffenbarung ist also ein Anachronismus.

Verstehen wir den Begriff »Apokalypse« als Sammelbezeichnung für bestimmte konstante und variable Eigenschaften von Texten und unter »apokalyptischer Literatur« solche Schriften, in denen hauptsächlich die oben ausgeführte religiös-spekulative Welt- und Geschichtsauffassung zum Ausdruck kommt, dann können sie als literarische Zeugen dieser besonderen Auffassung in vergleichender Weise nach gemeinsamen Eigenschaften und individuellen Besonderheiten befragt werden. Die Überzeugung ihrer fiktiven Offenbarungsempfänger (bzw. die Behauptung ihrer tatsächlichen Verfasser), authentische und exklusive Erkenntnisse aus der verborgenen Welt der kognitiven Transzendenz zu besitzen bzw. zu vermitteln, die allein ihnen durch Offenbarung zugänglich sind, erstreckt sich auf die Wahrnehmung der Vergangenheit, der Gegenwart und der Zukunft. Zum einen deutet die apokalyptische Literatur den bisherigen Verlauf der Geschichte. Sie dient der Konstruktion von Erinnerung und instrumentalisiert zugleich die Tradition (insbesondere die Autorität alter Offenbarung) als eine Möglichkeit, die Gegenwart zu deuten. Zum anderen kann die Textsorte »Apokalypse« als literarisches Symptom einer objektiv vorhandenen oder subjektiv wahrgenommenen aktuellen Krise gelten. Schließlich ist sie eine besondere Form, eschatologische Erwartungen, Hoffnungen und Ängste in deterministischer Weise zu formulieren. Die Apokalypse soll also die autoritative Norm der Vergangenheit in der Gegenwart und für die Zukunft wirksam zur Sprache bringen.

Formale und inhaltliche Merkmale der apokalyptischen Literatur

Welche Merkmale machen einen Text zu einem apokalyptischen Text? In der Tat gibt es eine ganze Reihe häufig wiederkehrender Strukturelemente der Textsorte »Apokalypse«, deren wichtigste Eigentümlichkeiten in diesem Abschnitt aufgezählt werden. Eine Engführung der Definition von apokalyptischer Literatur allein aufgrund eines einheitlichen Schemas und eines starren Katalogs bestimmter Kriterien ist jedoch problematisch, denn zum einen gab es zu keiner Zeit einen definierten Katalog von charakteristischen Merkmalen, konventionellen Formen und inhaltlichen Elementen, die einen Text eindeutig als Exemplar der Sammelgattung »Apokalypse« ausweisen. Zum anderen begegnen apokalyptische Redeformen, Themen, Bilder und Motive auch ganz unspezifisch in nichtapokalyptischen Schriften. Ebenso konnten unapokalyptische Formen in einen apokalyptischen Rahmen eingepasst werden. Diese bunte Vielfalt von Redeformen, Themen, Bildern und Motiven ermöglicht zwar eine klassifizierende Beschreibung der Texte, muss aber nicht unbedingt einen gemeinsamen Sitz im Leben haben. Vielmehr bestimmen die unterschiedlichen historischen Kontexte der apokalyptischen Texte auch ihre unterschiedlichen apokalyptischen Inhalte und Funktionen. Dabei wurden immer wieder auch unterschiedliche literarische Gliedgattungen in eine offen strukturierte Rahmengattung eingearbeitet.

Form und Inhalt sind auch in apokalyptischen Texten stets aufeinander bezogen. An immer wieder begegnenden Eigentümlichkeiten der breit gefächerten apokalyptischen Literatur ist zunächst die narrative Rahmung der eigentlichen Vermittlung transzendenten Wissens in Form einer (zumeist autobiographischen) Prosaerzählung zu nennen. Dieser fiktiv-deskriptive erzählende Rahmen enthält Hinweise auf den Urheber, auf den impliziten Vermittler und auf die gedachten Empfänger der Offenbarungsinhalte sowie Angaben über die besonderen Umstände des Offenbarungsempfangs, die als Falschaussagen mit paränetisch motiviertem Wahrheitsanspruch der Autoritätssicherung dienen. Eine weitere literarische Eigenart der Textsorte »Apokalypse« ist die Pseudepigraphie, d.h. die literarische Inanspruchnahme der idealen Autorität des großen Namens ihres angeblichen Verfassers. Diese war zunächst Ausdruck der Identifizierung des tatsächlichen Verfassers einer apokalyptischen Schrift mit dem angeblichen Autor bzw. der durch ihn repräsentierten erinnerten Geschichte. Der nominelle Autor des Textes, der zugleich sein Personenrepertoire definiert, steht dabei als ideale

Autorität für die Rückbindung des Inhalts an eine normative Vergangenheit. Er verweist zugleich auf die Autorisierungstradition, in deren Kontext ihr Inhalt verstanden werden soll. Eine solche Orientierung an der Vergangenheit mittels Pseudepigraphie galt in der Antike keineswegs als »Betrug« oder »Fälschung«, sondern entsprach durchaus zeitgenössischer literarischer Konvention. Weitaus wichtiger als Originalität und »Urheberschaft« eines Textes war – insbesondere dort, wo man vom Verstummen der Prophetie seit Beginn der Griechenherrschaft überzeugt war (vgl. 1. Makk 4,46; 9,27; 14,41) – das Vertrauen in die getreue und lückenlose Weitergabe der Worte und Lehren einer geschätzten Autorität der Vergangenheit durch seine Anhänger und Schüler.

Das von der apokalyptischen Literatur des antiken Judentums übernommene und transformierte ältere Traditionsgut umfasst u. a. die Bildtraditionen und literarischen Formen der hebräischen heiligen Schriften und ihrer antiken Übersetzungen, ägyptische, babylonische, persische und griechische Überlieferungen, Prophetie und weisheitliche Bildungstraditionen. Als besonders zuverlässige Offenbarungsträger galten Gestalten aus der idealen vorsintflutlichen Urzeit und aus der Väterzeit (z. B. Adam, Henoch, Abraham) sowie biblische Propheten vor dem Verstummen der Prophetie seit Maleachi (z. B. Mose, Elia, Ezechiel). Im hellenistischen Judentum wurden nicht nur biblische, sondern auch pagane Gestalten (z. B. Orpheus, Homer, Sibylle) als Offenbarungsträger herangezogen. Kennzeichnend war in jedem Fall ein Verständnis der Offenbarung als einer dynamischen und transsubjektiven Tradition. Ihre enge Bindung an eine Autorität der Vergangenheit wurde dabei nicht durch »Originalität«, sondern bereits durch die getreue Weitergabe ihrer mündlichen Lehren (z. B. in religiösen Schulzusammenhängen) garantiert. Die so entstehende apokalyptische Literatur hatte Anteil am kontinuierlichen Fortwirken dieser Autorität und blieb dabei stets offen für Aktualisierungen der Tradition. Diese Offenheit ermöglichte immer wieder Textanpassungen und fortschreibende Ergänzungen.

Die apokalyptischen Texte enthalten exklusive Offenbarungsmitteilungen des transzendenten göttlichen Heilsplans bzw. Deutungen des gegenwärtigen und zukünftigen Weltlaufs. Sie bergen zudem Enthüllungen und vorwegnehmende Darstellungen des erwarteten Weltendes. Diese enthüllten und gedeuteten Sachverhalte sind nicht innerweltlich bzw. innergeschichtlich begründet, sondern durch phantastische Jenseitsberichte von Reisen in die himmlischen Sphären und Audienzen im Thronsaal Gottes, durch Epiphanien, Orakel, Entrückungen, Traumbilder und ekstatische Visionen im Wachzustand vermittelt. Die Funktion und der Zweck des visionär Geschauten und der verhüllten Belehrungen werden dem Seher entweder textintern oder durch einen *Angelus interpres* (»Deuteengel«) entschlüsselt und – oft in Dialogform – erklärt (vgl. Dan 8 f.).

Die Form der Offenbarungen zeichnet sich zunächst durch ihre unbestimmt metaphorische oder mythologische Sprache und ihr gewaltiges Bildreservoir aus. Als literarische Stilmittel begegnen kunstvolle Verschleierungen und bilderreiche Verschlüsselungen der apokalyptischen Botschaften durch Allegorien, ungewöhnliche poetische Bilder und rätselhafte Symbole als literarische Stilmittel sowie Systematisierungen der geschilderten Ereignisse, z. B. mittels Zahlenschemata. Das Geschaute, das die menschliche Erfahrung transzendiert, wird dem Leser durch Reflexionen und Deutungen enthüllt. Innerhalb der Rahmengattung »Apokalypse« begegnen immer wieder auch paränetische Reden, Gebete und Hymnen. Zahlreiche intertextuelle Anspielungen auf ältere autoritative Schriften, insbesondere auf Tora und Propheten, ermöglichen und leiten das umfassende Verständnis der Offenbarungen durch ihre gedachten Leser. Befristete Geheimhaltungsbefehle verbinden die Zeit der Publikation einer solchen apokalyptischen Schrift mit der Zeit ihrer faktischen Entstehung.

Ein weiteres formales Element der apokalyptischen Literatur sind *Vaticinia ex eventu* (wörtl.: »Weissagungen vom Ereignis her«). Vom Standpunkt des Lesers aus kontrollierbare vergangene Vorgänge und Ereignisse werden dabei in beglaubigender Absicht durch eine literarisch konstruierte, fiktive Vorzeitigkeit bzw. durch die Vorspiegelung der Entstehung der Schrift in einer längst vergangenen Zeit in Futurform präzise geweissagt. Solche *Vaticinia ex eventu* erklären und legitimieren die Gegenwart. Auch die erwartete Endgeschichte mitsamt dem – zuweilen drastisch ausgemalten – eschatologischen Gerichtspanorama kann auf diese Weise literarisch vorwegnehmend dargestellt werden.

Ein wichtiges thematisches Merkmal der apokalyptischen Literatur ist der kompromisslose kosmische Dualismus, d. h. die (vornehmlich dem persischen Überlieferungsbereich entstammende) kontrastierende Gegenüberstellung antagonistischer Mächte, Prinzipien und Weltzeitalter. Die der Apokalyptik zugeordneten Schriften sind weithin von solchen dualistischen Aussagen geprägt. Die diesseitige böse Welt und das jenseitige Heil, Unreinheit und Reinheit, Licht und Dunkelheit, Ungerechte und Fromme, widergöttliche Mächte und Gott stehen einander gegenüber. Oft findet sich im Motivinventar endzeitlicher Szenarien die Vorstellung eines in kosmischen Dimensionen geführten (endzeitlichen)

Entscheidungskampfes zwischen den beiden Antipoden. Durchweg wird der Abstand zwischen der Welt und Gott – d. h. seine Transzendenz und Jenseitigkeit – betont.

Der kosmische Dualismus speist sich ursprünglich aus dem Gegenüber von Chaos und Schöpfung und ist in älteren apokalyptischen Texten zunächst als räumliches System gedacht (vgl. äthHen 1-36; 4Q 201-206). Seit hellenistischer Zeit wurde der Dualismus im antiken Judentum immer stärker auch im Sinne einer zeitlichen Abfolge gedacht und als radikale Diskontinuität mehrerer, zumeist zweier Weltzeiten dargestellt (vgl. Dan 7-12). Eines dieser Weltzeitalter neigt sich bei diesem periodischen Geschichtsverständnis gegenwärtig seinem katastrophalen Ende und einem Endkampf zwischen Gut und Böse zu, während erst das andere, nach dem Weltuntergang kommende, vollendete und ewige Weltzeitalter dem Gerechten eine umfassende Heilsperspektive bietet.

Gerade im Kontext solcher Geschichtsüberblicke in der apokalyptischen Literatur hat schließlich auch die Vorstellung ihren Ort, dass der auserwählte Offenbarungsempfänger nur einem engeren Personenkreis Rettung und Heil verspricht und allein diesem ein exklusives, geheimes und unzugängliches Wissen vermittelt. Nur der Visionär und seine Adressaten erlangen Kenntnis vom unabänderlichen Heilsplan Gottes, von der kommenden Krise, von den Maßstäben des kommenden Endgerichtes und von den Zuständen und Vorgängen in der verborgenen himmlischen Welt.

Funktionen der apokalyptischen Literatur

Gerade weil die Erwartung des nahen und unabänderlichen Endes dieser Welt zu den prominenten Inhalten apokalyptischer Texte gehört, stellt sich die Frage, warum man apokalyptische Offenbarungsinhalte überhaupt verschriftlicht, publiziert und tradiert, wenn doch alles innerweltliche Entscheiden und Handeln angesichts der erwarteten kosmischen Katastrophe als bedeutungslos erachtet wird.

Die apokalyptische Literatur will nicht nur kommende Entwicklungen und Ereignisse prognostizieren, sondern auch und vor allem eine neue Perspektive auf die Welt erschließen. Die primäre textpragmatische Funktion gerade der zukunftsbezogenen Heils- und Unheilsvorstellungen in den – den Weltlauf deutenden und das erwartete Weltende enthüllenden – apokalyptischen Schriften besteht demnach in der Erklärung der Geschichte und in der Bewältigung der Gegenwart angesichts bestehender Probleme und Krisen. Sie bieten dem Frommen also Orientierung, Ermahnung, Trost und Ermutigung angesichts seiner akuten Leidens-, Not- und Unterlegenheitserfahrung.

In den apokalyptischen Texten geht es um die literarische Vermittlung von vergewissernden Offenbarungserfahrungen gerade in solchen Krisensituationen, deren theologische Interpretation durch die bekannten Modelle göttlichen Heilshandelns nicht mehr möglich erscheint. Vor diesem Hintergrund legitimiert die apokalyptische Literatur die problematisch gewordene transzendente Autorität. Sie dient der Bewältigung der Theodizeefrage und ermöglicht ein Festhalten an der Vorstellung von der Allmacht des gerechten Gottes angesichts der vorfindlichen Weltlage. In dieser hoffnungstiftenden Weltdeutung und Existenzerhellung angesichts eines pessimistischen Gegenwartsverständnisses liegt eine wesentliche theologische Leistung der Verfasser apokalyptischer Schriften.

Die apokalyptische Literatur zielt auf die Ausrichtung des Denkens und des Verhaltens ihrer Adressaten im Sinne der Botschaft ab. Sie gebietet ein Verhalten, das im Endgericht zu bestehen vermag. Alle Frommen ermutigt sie zum geduldigen Ausharren und zum Festhalten am Glauben. Zugleich fordert sie alle Dissidenten zur Bekehrung und zur Umkehr auf. In beiden Punkten reflektiert sie das jeweilige ethische und paränetische Anliegen ihrer Autoren. Ebenso spiegeln sich in ihr die – perspektivisch wahrgenommene – politische Geschichte und auch die herrschenden wirtschaftlich-sozialen Verhältnisse als geschichtlicher Hintergrund ihrer Entstehungszeit und ihres Verstehenshorizontes wider.

Die Wirkabsicht der utopischen Endzeit-Aussagen in der apokalyptischen Literatur des antiken Judentums bestand nicht in der Information über den Zeitpunkt des erwarteten Weltendes, sondern in der Bewusstmachung der Bedeutung der Restzeit. Es geht hier also nicht um die Quantität, sondern um die Qualität der verbleibenden Zeit. Es geht um die neue Einstellung der Adressaten zu dieser – kostbaren – verbleibenden Zeit als einer aktiv zu nutzenden Zeit der letztmöglichen rettenden Sensibilisierung, der letztmöglichen rettenden Verhaltensänderung und des letztmöglichen rettenden ethischen Handelns. Indem die apokalyptische Literatur ihre Adressaten dabei in eine utopische Idealwelt entführt, realisieren sich in ihr aktuelle Wünsche, Hoffnungen und Bedürfnisse. Gerade solche narrativ-visionären apokalyptischen Texte haben deshalb auch eine immanent gegenwartskritische Bedeutung und Funktion. Sie führen der real existierenden Welt in kontrastierender Weise eine bessere Welt vor Augen und üben damit implizite Kritik an den bestehenden Verhältnissen.

In diesem Sinne war die jüdische Apokalyptik darum bemüht, die als bedrückend und unentwirrbar chaotisch erlebte Gegenwart und die Erwartung des kommenden Heils miteinander zu vereinbaren. Sie vermittelte zwischen dem eigenen Erwählungsbewusstsein und den Ansprüchen der übermächtigen fremden Herrscher und legitimierte damit den Glauben an die Autorität und Macht des gerechten Gottes Israels und auch das eigene Handeln angesichts der als zutiefst ungerecht erlebten vorfindlichen Weltlage. Wo dieses gegenwartskritische Potential ihrer eschatologischen Heilsvorstellungen aktiviert wurde, konnten die apokalyptischen Texte, die in Kapitel 5 vorgestellt werden, auch als Ablehnung der herrschenden gesellschaftlichen, politischen und religiösen Verhältnisse und somit nicht nur als Trost bei ihrer geduldigen Bewältigung, sondern auch als Aufforderung zu ihrer tätigen Beseitigung gelesen werden.

Apokalyptik und imaginative Literatur

> *»Tatsächlich gibt es eine apokalyptische Kultur, die den Ekstatikern bis zu einem gewissen Grade feststehende Gesichte und Erlebnisse überliefert, – so sehr es als psychologische Merkwürdigkeit anmuten mag, dass einer nachfiebert, was andere vorgefiebert, und dass man unselbständig, anleiheweise und nach der Schablone verzückt ist.«* Thomas Mann, Doktor Faustus, Kap. 34

Die antike apokalyptische Literatur enthält nicht nur als tatsächliche Erlebnisse und Erfahrungen ausgewiesene kreative und innovative Schilderungen der jenseitigen Welt und des zu erwartenden Weltendes. Vielmehr ist das zunehmend fixierte Bildrepertoire der apokalyptischen Visionen in der antiken jüdischen und frühchristlichen Literatur häufig abhängig von konventionellen kulturellen und religiösen Traditionen. Es ist geprägt von populären Vorstellungen, Motiven und Bildern, auch wenn diese traditionsgeschichtlichen Hintergründe den Autoren und Adressaten der Schriften sicher nicht immer bewusst waren. Neben solchen Traditionen, die als Bestandteile der umfassenden »kulturellen Enzyklopädie« ihrer Verfasser gelten können, spiegeln sich in den poetischen Visionen und Imaginationen des Schreckens und der Hoffnung auch deren individuelle geschichtliche Erfahrungen wider.

Die apokalyptische Literatur schafft ein Identifikationsangebot, indem sie ihre Hörer und Leser die Perspektive des fingierten Offenbarungsempfängers einnehmen und damit an seiner besonderen Wahrnehmung und Deutung der Wirklichkeit teilhaben lässt. Diese – vom Visionär mit betontem Tatsächlichkeitsanspruch vorgetragene – imaginierte Wirklichkeit erschließt nicht nur die transzendente Welt, sondern sie relativiert zugleich auch das herkömmliche Welt- und Wirklichkeitsverständnis. Die visionäre Erfahrung ermöglicht also einen Abstand zur vorfindlichen sozialen, kulturellen und politischen Realität. Die apokalyptischen Texte können deshalb auch als literarischer Ausdruck des eskapistischen Ausbruchs aus der realen Welt oder als Symptom einer kritischen Ablehnung der vorfindlichen Konstruktion von Realität interpretiert werden. Dies wiederum provoziert die Frage nach dem Verhältnis der apokalyptischen Literatur zu zwei funktional ähnlichen literarischen Gattungen, nämlich der Utopie und der Phantastik.

Als *Utopie* bezeichnet man den erzählenden literarischen Entwurf einer fiktiven, fernen und vollkommenen Gesellschafts- bzw. Weltordnung, die der Ordnung, die seinen Autor umgibt, durch ihre Umkehrung zugleich einen kritischen Spiegel vorhält. Berühmte Utopien wie z.B. der philosophische Roman »Utopia« des englischen Humanisten *Thomas Morus* (1516) oder das zionistische Hauptwerk »Der Judenstaat« des Wiener Literaten *Theodor Herzl* (1896) beschreiben eine solche ideale Wirklichkeit und verfremden dabei die sie umgebende Wirklichkeit, um an ihr Anstoß zu nehmen. Zu nennen sind auch *Johann Gottfried Schnabels* »Insel Felsenburg« (1731–1743) und *Samuel Butlers* »Erewhon« (1872).

Auch in der apokalyptischen Literatur begegnen herrschafts- und traditionskritische Gegenentwürfe zur bestehenden Wirklichkeit. Ebenso stellt die apokalyptische Eschatologie eine Antizipation des Möglichen dar. Sie entwirft eine alternative Zukunft zur gegenwärtigen dunklen und heillosen Welt und stellt sie dem gesellschaftlichen Konsens in Sachen Zukunft gegenüber. Jedoch besteht die entscheidende Differenz zwischen Apokalyptik und Utopie darin, dass der utopische Entwurf – unbeschadet des Abstands zwischen der realen und der idealen Welt – als innerweltlich und innergeschichtlich gedacht ist, während das apokalyptische Denksystem die auf ihren Untergang zulaufende Welt und die verborgene bzw. neue Welt einander gegenüberstellt. Die Utopie stellt Menschen als Handlungsträger des Fortschritts dar. Die apokalyptische Eschatologie hingegen thematisiert eine radikale Neusetzung allein durch das Handeln Gottes.

Die *phantastische Literatur* lässt sich beschreiben als eine narrative Grenzüberschreitung der Konstruktion dessen, was innerhalb einer bestimmten Kultur als Wirklichkeit akzeptiert wird. So gehören etwa

Spukgestalten, Geister und Dämonen zum traditionellen Inventar der neuzeitlichen literarischen Phantastik, gerade weil ihre Existenz gemeinhin als imaginiert und fiktiv gilt. Das un-wirkliche und übernatürliche Realitätssystem der Phantastik stellt eine in sich geschlossene literarische Wirklichkeit dar, welche die außerliterarische Realität im Medium der Kunst dekonstruiert und zugleich die kognitive Grenzlinie vom Wirklichen zum Unwirklichen und Unglaubhaften markiert.

Die Apokalyptik trägt Züge der Phantastik insofern, als auch die Visionsschilderungen in der antiken apokalyptischen Literatur immer wieder die Grenzen der Realität überschreiten und in den Texten verschiedene Wirklichkeiten übereinander geblendet werden. So begegnen auch hier immer wieder Fabelwesen, Geister und Dämonen. Allerdings wird in diesen apokalyptischen Schriften ein – zunächst ungebrochener – Tatsächlichkeitsanspruch hinsichtlich der dargestellten Offenbarungsinhalte vertreten. Auch das Transzendente, das Jenseitige, das Unwirkliche und das Übernatürliche sind und bleiben Bestandteile des antiken apokalyptischen Weltbildes. Die Annahme der Existenz von Fabelwesen, Geistern und Dämonen sprengt nicht das allgemein akzeptierte Weltbild. Der Mythos wird hier also weiterhin geglaubt. Er dient vielmehr der Welterfassung und behält seine traditionelle Begründungs- und Orientierungsfunktion.

Die apokalyptischen Texte können also auch nicht als phantastische Literatur im eigentlichen Sinne gelten, denn phantastisch wird der Mythos erst in dem Moment, in dem seine Wahrheit und Wirklichkeit nicht mehr akzeptiert werden, in dem er einfach nicht mehr geglaubt wird. Erst viele Jahrhunderte später (und in einer allgemein rezipierten Form wohl erst im Zeitalter der Aufklärung in Europa) wurde das überlieferte Weltbild mitsamt seinen mythischen Aspekten radikal in Frage gestellt. In der antiken jüdischen und frühchristlichen Apokalyptik war dieses Weltbild indes längst noch nicht zerbrochen.

Literatur

Beyerle, Stephan, Von der Löwengrube ins himmlische Jerusalem: Erwägungen zur jüdischen Apokalyptik, in: GlLern 14 (1999), 23–34.

Collins, John J., The Apocalyptic Imagination, Grand Rapids, Mi. ²1998.

5 Apokalyptik in der antiken jüdischen Literatur

Wichtigste Quelle für die Entstehung und Entwicklung der apokalyptischen Vorstellungswelt ist die religiöse Literatur des antiken Judentums. Innerhalb eines wichtigen Segments des während der spätnachexilischen und hellenistisch-römischen Zeit entstandenen religiösen Schrifttums entwickelte sich – gespeist von prophetischen und weisheitlichen Traditionen und beeinflusst durch benachbarte Kulturen – ein Repertoire von kennzeichnenden, aber in unterschiedliche literarische Kontexte integrierten Formen und Motiven einer Sammelgattung »Apokalypse«. Auch das literarische Erbe des antiken Judentums wurde durch deutende Übersetzungen und Fortschreibungen an die apokalyptische Vorstellungswelt angepasst. Diese apokalyptische Literatur gab sich dezidiert antihellenistisch, obwohl sie selbst Einflüsse des Hellenismus aufweist. Sie spiegelt eine von ihren Verfassern und Trägerkreisen wahrgenommene Bedrohung der religiösen Identität wider, wobei den Verfolgungserfahrungen während der Krise unter Antiochos IV. eine impulsgebende Bedeutung zukommt. Als wichtiges Thema der Jenseitsschilderungen und Endzeitszenarien in der apokalyptischen Literatur des antiken Judentums begegnet die Hoffnung auf zukünftige Erlösung, Befreiung und nationale Restitution, verbunden mit einer Idealisierung der Vergangenheit und einer impliziten Kritik an den Verhältnissen der Gegenwart. Apokalyptische Vorstellungen finden sich sowohl in jüdischen Konventikeln als auch im Hauptstrom des antiken Judentums. Erhalten ist ein Großteil der apokalyptischen Literatur allein in christlichen Literatursprachen, denn das rabbinische Judentum hat sich rasch von der Ideologie apokalyptisch-eschatologisch orientierter Gemeinschaften distanziert und deren Schriften deshalb auch nicht in ihr eigenes Traditionsgut aufgenommen. Dennoch ist auch hier die Übernahme traditioneller Motive der älteren apokalyptischen Literatur festzustellen. Ebenso differenziert zu betrachten ist das Verhältnis zwischen Apokalyptik und jüdischer Mystik.

Eschatologisierung älterer Traditionen

Das Denksystem der jüdischen Apokalyptik bediente sich zu seiner Formulierung und literarischen Ausgestaltung von Anfang an zentraler Motive und Inhalte der religiösen Tradition. In diesem Zusammenhang ist grundlegend zu betonen, dass der Bestand und der Wortlaut der religiös verbindlichen Texte weder im Judentum noch im Christentum von Anfang an festgelegt waren, sondern erst im Verlauf eines sich über mehrere Jahrhunderte erstreckenden Prozesses aushärteten.

Wichtige Elemente der apokalyptischen Inanspruchnahme des religiösen Erbes Israels sind die exilisch-nachexilischen Deutungen früherer Heilssetzungen und Machttaten Gottes als typologische Entsprechungen des erhofften radikalen und endgültigen Eingreifens Gottes in die Geschichte (insbesondere der Auszug aus Ägypten, der Bundesschluss zwischen Gott und seinem Volk Israel, die Landgabe und die heilstiftende Funktion des Kultes auf dem Jerusalemer Gottesberg Zion). Gerade der Zion als traditioneller Ort der Präsenz Gottes wurde dabei als Zentrum und Quelle allen zukünftigen Heils betrachtet. Vorbereitet wurde diese eschatologisierende Deutung alter theologischer Traditionen bereits in der jüngeren Prophetie. So begegnet die Ankündigung eines neuen Exodus beispielsweise in Jes 43 und in Ez 20. Die Vorstellung eines neuen und ewigen Bundes findet sich in Jer 31 und Ez 37. Die Landgabe und Landverteilung unter Josua reflektiert die utopische territoriale Neuordnung Jerusalems und Israels in Ez 47 f. Die Darstellung des Tempelberges Zion als Ausgangspunkt der endzeitlichen universalen Durchsetzung des Gottesrechtes im neuen Tempel in der erneuerten Stadt Jerusalem findet sich in Jes 2 und Mi 4. Immer wieder wurden zudem ältere Überlieferungen durch die sekundäre Eintragung der Wendung »am Ende der Tage« eschatologisiert (z. B. Gen 49,1; Num 24,14; Dtn 4,30; 31,29; Jes 2,2; Jer 23,20; Ez 38,16; Hos 3,5; Mi 4,1).

Die von der jüdischen Apokalyptik aufgegriffene fortschreitende Tendenz zur Universalisierung und Eschatologisierung des zuvor geschichtlich-konkret vorgestellten Gerichts Gottes zeigt sich in den Anfügungen von Zeph 1,2 f. und 3,9-20 an den älteren Bestand dieses Prophetenbuchs. Auch in Jes 66, einem der jüngsten Teile des Jesajabuchs, haben Gesamtisrael und die fremden Völker keine differenten Gerichtsperspektiven als dichotomisch dargestellte Gruppen mehr. Die Völker der Welt erscheinen hier nicht mehr allein als »chaotische« Gegner Israels. Vielmehr können nur noch die treuen Gerechten aus beiden Menschheitsgruppen zum Heil gelangen. Deviantes kultisches und ethisches Verhalten gerade von Angehörigen der eigenen Gemeinschaft zieht den Ausschluss aus der Heilsgemeinde und die Bestrafung durch den Zorn Gottes im universalen Endgericht nach sich.

Gerade in den Übersetzungen der Prophetenbücher und Psalmen in der antiken griechischen Bibelübersetzung, der Septuaginta, finden sich

Interpretationen und Textzusätze, die ein betont eschatologisches Textverständnis zum Ausdruck bringen. Die antiken Übersetzer trugen hier auch zeitgenössische eschatologische Konzepte als Kontrastdarstellungen zu den sie umgebenden und von ihnen missbilligten sozialen und politischen Verhältnissen in den Bibeltext ein, wobei sie diese Konzepte ihrem eigenen Verständnis nach natürlich der hebräischen Vorlage entnahmen. So wird in der Septuaginta der hebräische Bibeltext von Ps 1,5 (*»Darum bestehen die Gottlosen nicht im Gericht noch die Sünder in der Gemeinde der Gerechten«*) in deutender Weise verändert wiedergegeben: *»Deshalb werden Gottlose im Gericht nicht auferstehen, auch nicht Sünder im Rat der Gerechten«*. Während es in der hebräischen Vorlage also um das Bestehen der Sünder im Gericht Gottes geht, spricht der übersetzte Text davon, dass sie in Folge des Gerichtes überhaupt nicht auferstehen werden. Hiermit vergleichbar ist auch die Eintragung der Hoffnung auf eine individuelle Auferstehung in Ps 16 (LXX: 15).

Daniel

»Immer noch hatte ich die nächtlichen Visionen: Da kam mit den Wolken des Himmels einer wie ein Menschensohn. Er gelangte bis zu dem Hochbetagten und wurde vor ihn geführt. Ihm wurden Herrschaft, Würde und Königtum gegeben. Alle Völker, Nationen und Sprachen müssen ihm dienen. Seine Herrschaft ist eine ewige, unvergängliche Herrschaft. Sein Reich geht niemals unter.« Dan 7,13 f.

Als eine der ältesten und zugleich wirkmächtigsten apokalyptischen Schriften des antiken Judentums gilt das biblische *Danielbuch*. Es zeichnet in besonders eindrücklicher Weise das Idealbild des jüdischen Frommen, der seiner Religion unter allen Umständen treu bleibt. Zugleich enthält es eine Offenlegung des universalen Planes Gottes, der dem Ablauf der gesamten Weltgeschichte innewohnt, die ihrerseits auf eine Vollendung in Gericht und Heil zuläuft. Das in seinen Hauptteilen um 165 v. Chr. in Judäa abschließend redigierte Danielbuch erzählt von dem jungen Daniel, der nach der Eroberung Jerusalems durch die Babylonier im Jahre 597 v. Chr. ins Zweistromland deportiert wird, wo er aufgrund seiner Weisheit und seiner besonderen Fähigkeit, Träume zu deuten und die Zukunft vorauszusehen, rasch Karriere am königlichen Hof macht. Die gesamte Handlung des Buches spielt in der Epoche des babylonischen Exils. Zum einen wurde hierdurch auf eine erzählte Zeit

Bezug genommen, die als (letztendlich allein mit Gottes Hilfe überwundene) nationale Krise im kulturellen Gedächtnis des Judentums verankert und somit mit den Zuständen während der hellenistischen Zeit durchaus vergleichbar war. Zum anderen gewannen die Visionsinhalte durch die narrative Verlagerung der fiktiven Prophetie Daniels in eine ferne Vergangenheit an Vertrauenswürdigkeit und Autorität.

Das Danielbuch in seiner Endfassung besteht aus einem Kranz von legendarischen Erzählungen aus frühhellenistischer Zeit (Dan 1-6) und einem später hinzugefügten Zyklus von Visionen (Dan 7-12), deren Inhalte ein Deuteengel vermittelt und erklärt (Dan 8 f.). Sowohl der Traum Nebukadnezzars (Dan 2) als auch die Vision Daniels (Dan 7) thematisieren den Untergang von Weltreichen. Dabei erscheint der Gott Israels als der übermächtige Richter der gesamten Völkerwelt. Gerade Dan 7 will zeigen, dass dieser Gott gegen alle Evidenz gegenwärtig handelt und auch weiterhin den Verlauf der Weltgeschichte lenkt. Die zeitlich organisierte Apokalypse schildert das Auftreten von vier Königen bzw. Imperien, die nacheinander in Gestalt von vier grauenhaften »Tieren« (Löwe, Bär, Leopard, monströse Bestie) dem Meer entsteigen. Jedem dieser einander ablösenden Imperien wird nur eine zeitlich begrenzte Macht zugestanden, bis es letztendlich zu seiner endgültigen Überwindung und Tötung, zur Auferweckung der Toten, zu einem (szenisch ausgemalten) vergeltenden Endgericht über Gerechte und Ungerechte und zur abschließenden Aufrichtung der endzeitlichen Herrschaft Gottes kommt. Von besonderem Interesse ist in diesem Kontext die narrative Kontrastgestalt des »Menschensohnes«, dem Gott seine endzeitliche Herrschaft überträgt und dem alle Völker dienen werden (Dan 7). Im Danielbuch ruhen die Hoffnungen der Gerechten auf dem richtenden und rettenden Auftreten dieses »Menschensohnes«. Jüngere jüdische Apokalypsen wie das äthiopische Henochbuch (s. u. 62 ff.) und das 4. Buch Esra (s. u. 75 ff.) greifen das Motiv dieser – akzentuiert unköniglichen bzw. undavidischen – Heilsgestalt auf und entwickeln es weiter. Im Rahmen der Danielrezeption des frühen Christentums wurde der aramäische Begriff im Sinne eines zentralen Hoheitstitels zur heilsgeschichtlichen Identifikation Jesu aus Nazareth als des Christus verwendet. Es ist jedoch zu beachten, dass eine solche Deutung des »Menschensohnes« als Individuum wahrscheinlich in keinem Text aus vorchristlicher Zeit belegt ist. Wahrscheinlicher ist vielmehr eine ursprüngliche kollektive Deutung des Begriffs im Danielbuch auf der Basis von Ez 1,26 f. und als Bezeichnung der getreuen Gerechten Israels (vgl. Dan 7,18). Allenfalls wäre hier an die Vorstellung einer betont unköniglichen Hoffnungsfigur zu denken, mittels derer Gott seinen Geschichtsplan verwirklicht.

Die vier Könige bzw. Imperien in der Geschichtsapokalypse lassen sich vom Leser des Danielbuches mittels der verwendeten Tiersymbolik als das babylonische, das medische, das persische und das griechische Reich identifizieren. Dem bisherigen Geschichtsverlauf bis in seine Gegenwart, d.h. der sukzessiven ungerechten Herrschaft dieser übermächtigen feindlichen Weltreiche, werden das kommende Ende der Geschichte und die Aufrichtung der umfassenden gerechten Herrschaft des Gottes Israels gegenübergestellt. Das Daniel offenbarte Wissen über den Verlauf der Geschichte bezeugt seine Überlegenheit, auch über die gegenwärtigen Bedrücker seines Volkes. Zugleich bekräftigt es dessen erwählungstheologischen Anspruch gegenüber allen Ansprüchen der übermächtigen nichtjüdischen Weltherrscher.

Das Danielbuch in seiner Endgestalt wurde in der Notzeit der »makkabäischen Krise« verfasst (s.o. 39f.). Unter dem Eindruck der Religionsverfolgungen durch die seleukidischen Syrer und ihre hellenisierten jüdischen Parteigänger sollte es als Trostbuch den religiösen Widerstand gesetzesfrommer Kreise durch die Zuversicht auf eine radikale Änderung der sie umgebenden Verhältnisse bzw. der aktuell erlebten Unterdrückung und Bedrängung stützen. Die zentrale Botschaft des Buches bestand in der Aufforderung zum »Aushalten«, d.h. zur Glaubenstreue und zur Entscheidung gegen die tyrannische Fremdherrschaft. Die sich aus den grausamen Martyriumserfahrungen der unterdrückten und verfolgten Gerechten Israels ergebende Theodizeefrage fand dabei eine Antwort in der Hoffnung auf Auferstehung und auf postmortale ausgleichende Gerechtigkeit (Dan 12,2f.). Durch den Bezug auf Israels Erwählung (Dan 7,27) wurde die aktuelle religiöse und kulturelle Krise des palästinischen Judentums in einen geschichtlichen Zusammenhang gestellt und hierdurch begreiflich gemacht. Zugleich enthält die Geschichtsperiodisierung des Danielbuches auch eine implizite Herscherkritik. Einen innerweltlichen und innergeschichtlichen Sieg über die fremden Mächte wird es nach Auffassung der Endredaktion des Danielbuches indes nicht geben. Vielmehr vermag einzig und allein Gott selbst am Ende aller Tage seine Feinde zu vernichten und sein Reich aufzurichten. Aus diesem Grund wird auch der heldenhafte Aufstand der Makkabäerbrüder gegen die Seleukiden in Dan 11,34 nur als eine »kleine Hilfe« bezeichnet.

Die Erzählungen und Visionen des Danielbuches in seiner Endgestalt beeinflussten die weitere jüdische Denktradition. Vor allem die Lehre von den vier Weltreichen und die Visionen vom nahenden Weltende fanden Eingang in jüngere jüdisch-apokalyptische Schriften und prägten auch die frühchristlichen Endzeitvorstellungen. Gerade die neutestamentliche Johannesoffenbarung (s. u. 105 ff.) schöpft aus seiner Metaphorik und der Zahlensymbolik und spitzt beides auf eine neue historische Situation zu, die ihr christlicher Verfasser als eine analoge »Entscheidungssituation« zwischen dem Festhalten am eigenen Glauben und dem Nachgeben gegenüber den Forderungen fremder Kulte und Kulturen interpretiert.

Das äthiopische Henochbuch

> »*Und die Geister, die in Gerechtigkeit gestorben sind, werden leben, und ihre Geister werden sich freuen und werden nicht vertilgt werden, auch nicht ihr Gedächtnis vor dem Angesicht des Großen für alle ewigen Generationen. Und jetzt fürchtet ihre Schmähungen nicht.*« äthHen 103,4

Das äthiopische Henochbuch enthält eine umfangreiche Sammlung heterogener apokalyptischer Überlieferungen unterschiedlichen Alters und unterschiedlicher Herkunft. Vollständig ist das Werk nur in einer erst im Jahre 1773 wiederentdeckten, zwischen dem 6. und 8. Jh. n. Chr. verfertigten Übersetzung aus dem Griechischen in die Literatursprache der äthiopischen Kirche (Ge'ez) überliefert. Der Fund aramäischer Henochfragmente in Qumran legt nahe, dass die Schrift ursprünglich in aramäischer Sprache verfasst wurde. Im äthiopischen Henochbuch begegnet die biblische Gestalt des vorsintflutlichen Patriarchen Henoch, der nach Gen 5,24 bei lebendigem Leib von Gott auf rätselhafte Weise direkt in den Himmel entrückt wurde, als idealer Offenbarungsempfänger und fiktiver Autor (vgl. Sir 44,16; Hebr 11,5). Der Text gibt sich insgesamt als umfassende Sammlung von Erkenntnissen aus, die Henoch während seiner kosmischen Reise erlangt und für die Nachwelt festgehalten hat. Sowohl die Existenz Henochs bereits während der Urzeit als auch seine nach seiner Entrückung erlangten Einblicke in die himmlische Welt und in die göttlichen Geheimnisse prädestinierten ihn als zuverlässigen Empfänger besonderer Offenbarungen über die Geheimnisse der Schöpfung und über den zukünftigen Geschichtsverlauf. Inhaltlich abhängig vom äthiopischen Henochbuch ist das möglicherweise bereits im 2. Jh. n. Chr. fertiggestellte *slavische Henochbuch*. Auch hier werden eine Himmelsreise des siebten Erzvaters durch die himmlischen Sphären bis in den göttlichen Thronbereich und sein visionärer Einblick in die Geheimnisse der jenseitigen Welt geschildert.

Das äthiopische Henochbuch ist ein Sammelwerk unterschiedlicher Textstücke, die erst nachträglich miteinander verbunden und unter dem Namen Henochs als Leitfigur fortan gemeinsam tradiert wurden. Die abschließende Komposition der einzelnen Textstücke erfolgte vermutlich im 1. Jh. n. Chr. Es ist anzunehmen, dass zwischen den Verfassern dieser Textstücke eine gewisse historische und soziale Kontinuität bestand. Als Ort ihrer Entstehung gilt Jerusalem oder Judäa. Die ursprünglichsten Bestandteile des Buches sind, wie auch die Textfunde von Qumran nahelegen (4Q 208), sicher älter als das Buch Daniel in seiner Endgestalt. Sie sind bereits vor der Krise unter Antiochos IV. entstanden und können deshalb als die ältesten uns bekannten zusammenhängenden apokalyptischen Schriften gelten. Die Hauptmenge des Textes entstammt indes dem 2. und 1. Jh. v. Chr.

Als in sich geschlossene (und möglicherweise ursprünglich selbständige) Textabschnitte aus der Hand unterschiedlicher Verfasser lassen sich voneinander abgrenzen: das Buch der Engel bzw. Wächter (äthHen 1-16), das Buch der Bilderreden (äthHen 37-71), das astronomische Buch (äthHen 72-82), das Buch der Traumvisionen (äthHen 83-90) und das Buch der Mahnungen (äthHen 91-105). Im Buch der Wächter wird die Existenz des Bösen in der Welt erklärt. Es geht um eine Gruppe von Wächterengeln, die vom Himmel herabgestiegen waren, um sich mit den Menschentöchtern zu verbinden (vgl. Gen 6,1-4). Diese unzulässige Vermischung der himmlischen und der irdischen Sphäre brachte Sünde und Unheil in die Welt und erregte den Zorn Gottes. Henoch unternimmt als Vermittler zwischen den aufständischen Engeln und Gott eine Reise in die jenseitige Welt. Dieser erste Buchteil bietet zum einen eine Erklärung für alles heillose Geschehen auf Erden und zum anderen kosmographische Offenbarungen über die räumlich-materielle Topographie der (gegenwärtigen) jenseitigen Welt. Hierbei begründet die Vorstellung der kosmisch-zentralen Lage der Stadt Jerusalem auch ihre Wahrnehmung als Zentrum der erhofften Heilszeit.

Das Buch der Bilderreden enthält drei Redekomplexe, die den erhofften Anbruch der umfassenden Gottesherrschaft und das kommende Strafgericht über alle Sünder schildern. In der zweiten und dritten Bilderrede begegnet wiederholt eine als »Menschensohn« (vgl. Dan 7,13) bezeichnete Erlösergestalt, deren Identität jedoch nicht eindeutig zu bestimmen ist. Im astronomischen Buch wird Henoch vom Engel Uriel in die hochkomplizierten Ordnungen der transzendenten himmlischen Welt eingeweiht, die ihrerseits die Ordnungen der diesseitigen Welt bestimmen. Das Buch der Traumvisionen bietet sodann eine visionär verhüllte Schau der gesamten Weltgeschichte von der Urzeit über das babylonische Exil bis in die als besonders bedrückend wahrgenommene Gegenwart, die ihrerseits in die erlösende Aufrichtung der Gottesherrschaft münden wird. Urzeit und Endzeit stehen dabei in einem Entsprechungsverhältnis und zugleich im Kontrast zur Weltgeschichte. Der Buchteil enthält enzyklopädisches priesterliches Kalender- und Kultwissen und nimmt zugleich in deutlicher Weise Bezug auf die Krise unter Antiochos IV. (vgl. äthHen 90). Im paränetischen Buch, das sich explizit an eine Gruppe innerhalb Israels wendet, begegnen mehrere Mahnreden und ein weiterer Überblick über die Geschichte zwischen Urzeit und Endzeit, hier eingeteilt in zehn aufeinander folgende Zeitperioden (»Zehnwochenapokalypse«). Henoch tröstet die Gerechten mit dem Hinweis auf ihre postmortale Belohnung durch den treuen und barmherzigen Gott Israels und schildert sodann die Bestrafung der Sünder (äthHen 103). Die im äthiopischen Henochbuch ausformulierte Vorstellung von einer Wiederbelebung der Toten als Voraussetzung eines ausgleichenden endzeitlichen Gerichtsgeschehens mit zweifachem Ausgang, nämlich Unsterblichkeit oder ewiger Vernichtung, gehört zu den ältesten Zeugnissen des Auferstehungsgedankens im Judentum.

Die Verknüpfung von ethischen und eschatologischen Aussagen im äthiopischen Henochbuch akzentuiert die in der Geschichte sich vollziehende Bewährung des Gerechten und motiviert ihn zum Ausharren und zum gerechten Handeln im Blick auf das nahe Eschaton. Zwar ist für den Gerechten in der vorfindlichen Weltlage kein Heil zu erlangen, aber er kann sich sowohl auf die kommende kosmische Katastrophe als auch auf einen heilvollen Ausgang des Endgerichts vorbereiten, indem er unbeirrt gemäß dem Schöpferwillen und nach den Geboten des einen und einzigen Gottes Israels lebt. Auf diese Weise diente das äthiopische Henochbuch der theologischen Orientierung seiner Leser, gerade im Hinblick auf die von ihnen wohl als besonders akut empfundene Theodizeefrage. Die Henochtradition gab der Überzeugung ihrer zunächst wohl mehrheitlich priesterlichen Trägerkreise hinsichtlich der erhofften eschatischen Durchsetzung der göttlichen Rechtsordnung Ausdruck und sie ermöglichte ihnen zugleich eine religiöse Begründung der eigenen Glaubensüberzeugungen, insbesondere in Abgrenzung von der dominierenden hellenistischen Kultur.

Zur Rezeptionsgeschichte des äthiopischen Henochbuches gehört zunächst die Entfaltung einer immer umfangreicher werdenden Dämonologie auf der Basis des im Wächterbuch geschilderten Aufstands der Engel. Die ausführliche Beschreibung der transzendenten Orte des Lohnes und der Strafe prägte die literarische Imagination der jüngeren apokalyptischen Literatur und darüber hinaus die gesamte eschatologische Bildwelt des antiken Judentums und des frühen Christentums.

Apokalyptik und Qumrantexte

Aus der Jerusalemer Priesterschaft war in der zweiten Hälfte des 2. Jhs. v. Chr. eine konservative Splitterpartei hervorgegangen, die sich vom Tempel, von den hasmonäischen Hohenpriestern und von der priesterlichen Aristokratie distanzierte und sich in das judäische Bergland zurückzog, um dort gemäß dem Ideal priesterlicher Reinheit zu leben. Möglicherweise besteht ein Zusammenhang zwischen dieser priesterlichen Sekte, den von antiken Autoren mehrfach erwähnten Essenern und den Bewohnern von Qumran, einer antiken Ansiedlung am Nordwestufer des Toten Meeres.

In elf Höhlen nahe der Qumransiedlung sind seit 1947 insgesamt über 900 fragmentarisch erhaltene antike jüdische Schriften gefunden worden. Unter den – formal und inhaltlich uneinheitlichen – Textfunden sind Kommentare zu autoritativen Schriften (Pescharim; Sg.: Pescher), die die Gegenwart ihrer Verfasser mittels der Prophetenbücher (z. B. Jesaja, Habakuk und Nahum) und der Psalmen deuten, und eine Reihe von Sektenschriften, die Aussagen über die Lebensweise und den Glauben ihrer Verfasser ermöglichen. Es ist durchaus vorstellbar, dass zwischen den Bewohnern der Siedlung und den Verfassern bzw. Besitzern der Schriftrollen ein Zusammenhang besteht.

Zu den umstrittensten Problemen der Apokalyptikforschung gehört die Frage nach der Bedeutung des apokalyptischen Denksystems für die Interpretation der Textfunde von Qumran. Der Sicht der Apokalyptik als fundamentaler Voraussetzung für das Verständnis der Schriftrollen steht die Auffassung gegenüber, die hinter diesen Texten stehende Gemeinschaft habe nur ein marginales Interesse an apokalyptischen Traditionen gehabt.

Als Hauptargument für die letztere Sichtweise gilt die Beobachtung, dass die in den Pescharim enthaltene aktualisierende Deutung und Applikation von Tora und Propheten in Qumran als eine besondere und gruppenspezifische Form der inspirierten Offenbarungsmitteilung betrachtet wurde. Diese exklusive Schriftdeutung wurde nicht als Textauslegung im Sinne einer Übertragung des Textsinns auf die Gegenwart betrachtet, sondern als Aufdeckung des »eigentlichen« Textinhalts und seiner einzigen korrekten, von Anfang an auf die Gegenwart bezogenen Bedeutung. Das gleichzeitige Vorhandensein einer spezifisch apokalyptischen Form der Offenbarungsvermittlung und das Verfassen eigener apokalyptischer Schriften wären vor diesem Hintergrund funktionslos. Zugleich ist festzuhalten, dass in den »eigentlichen« Sektenschriften weder Visionen und Himmelsreisen noch Traumoffenbarungen oder etwa ein Deuteengel begegnen. Beide Beobachtungen korrespondieren mit der Tatsache, dass gerade die hymnischen und ethischen Qumrantexte, die deutliche apokalyptische Züge aufweisen, sich auch in sprachlicher und formaler Hinsicht von den Sektenschriften deutlich unterscheiden. Auch wenn es einen religiös und sozial konturierten Trägerkreis der apokalyptischen Qumrantexte gab, wurden diese Texte nicht von diesem Kreis selbst verfasst, sondern waren wohl nur Bestandteile seiner »Bibliothek«.

Für die Prägung der Qumrangemeinschaft durch die Apokalyptik wiederum spricht zunächst, dass in Qumran eine ganze Reihe von aramäischen Textfragmenten aus allen Teilen des äthiopischen Henochbuches mit Ausnahme der Bilderreden, Teile des Jubiläenbuches (s.u. 69ff.), mehrere Fragmente des Danielbuches und weitere Schriften gefunden wurden, die mit diesem in enger Verbindung stehen und es intensiv rezipieren. Offenbar hatten die Trägerkreise der Schriften Interesse an Texten und Traditionen, in denen es um die Offenbarung verborgenen Wissens geht. Unter den Qumranschriften finden sich auch Texte, in denen astronomisch-astrologische Aussagen mit physiognomischen Beobachtungen verbunden sind (4Q 186; 4Q 561). Eine Reihe von Schriften rezipiert Themen, Bilder und Motive, die prägend für die apokalyptische Literatur und ihre Eschatologie sind. Als Beispiele anzuführen sind die dualistische Denkweise in ihrer räumlichen und zeitlichen Ausprägung, die Gliederung der Weltzeit in Einzelepochen, die Darstellung der Gegenwart als Endzeit und als Entscheidungssituation, die Vorstellung einer katastrophalen Zeitenwende und einer Entscheidungsschlacht zwischen Gut und Böse, das Erwählungsbewusstsein der eigenen Gruppe und die Vorstellung ihrer gegenwärtigen und zukünftigen liturgischen Gemeinschaft mit himmlischen Wesen. Von besonderem Interesse für ein umfassendes Verständnis des Aufkommens und der Entwicklung analoger Vorstellungen im frühen Christentum sind solche Qumrantexte, in denen die Vorstellung der Totenauferstehung (4Q 521) und die Erwartung des Auftretens eines priesterlichen und eines königlichen Messias am Ende aller Tage begegnen (CD 12f.).

Das Bild der jüdischen Sondergemeinschaft, das sich insgesamt aus den Qumranschriften ergibt, zeigt eine priesterliche Sekte mit besonderer Organisationsform, deren Leben und Frömmigkeit vom scharfen Kontrast zum praktizierten Jerusalemer Tempelkult und dem dort gültigen Kultkalender, vom Ideal dauerhafter priesterlicher Reinheit, von der Vergeistigung von Heiligtum und Opferdienst, von gesteigerter praktischer Toraobservanz und von einem betonten Erwählungsbewusstsein bzw. dem exklusiven Anspruch, das wahre Gottesvolk der Endzeit zu sein, bestimmt waren. Ihre Gütergemeinschaft, ihr außergewöhnliches Reinheitsstreben auch im Alltag, ihre endzeitliche Orientierung, ihr dualistisches Weltbild und ihre antihellenistische Mentalität gründen in einer angespannten eschatologischen Naherwartung und bezeugen eine eigenständige Entwicklung apokalyptischer Vorstellungen.

Die Anhänger dieser jüdischen Sondergemeinschaft verstanden sich angesichts des von ihnen in naher Zukunft erwarteten Weltendes und drohenden Strafgerichtes Gottes als die »Söhne des Lichts«, als das wahre Israel der Endzeit und als die einzigen wahren Bewahrer der althergebrachten priesterlichen Tradition. Sie hofften darauf, im erwarteten endzeitlichen Tempel den Priesterdienst zu übernehmen. Ihr dualistisch strukturiertes apokalyptisches Gerichtsverständnis diente ihnen dazu, ihre Gemeinschaft zu stabilisieren, denn die Erwartung der Bestrafung aller »Söhne der Finsternis« – nämlich der gottlosen Feinde Gottes – und des Heils allein für die gerechten und auserwählten »Söhne des Lichtes« – nämlich die eigene rechtgläubige Gruppe – bestimmten ihre Gerichtserwartung. Das gottlose Individuum wird im Endgericht bestraft und vernichtet. Eine individuelle Heilszukunft wird in den Texten indes kaum thematisiert. Im Vordergrund aller Heilshoffnungen stand vielmehr die Gemeinschaft der kultisch reinen Priester Gottes. Nur innerhalb des exklusiven Kreises der Frommen und Gerechten und nur aufgrund einer ausnahmslos korrekten Lebensweise betrachtete man sich als sicher vor dem drohenden Zorngericht Gottes. Der Ausstoß aus der eigenen Gemeinschaft aufgrund von Vergehen, die deren Gruppenidentität bedrohen, bedeutete zugleich den unwiderruflichen Ausschluss vom ewigen Heil.

Literatur

Beyerle, Stefan / Frey, Jörg (Hg.), Qumran aktuell: Texte und Themen der Schriften vom Toten Meer (BThS 120), Neukirchen-Vluyn 2011.

Frey, Jörg / Becker, Michael (Hg.), Apokalyptik und Qumran (Einblicke 10), Paderborn 2007.

Die jüdischen Sibyllinen

»Rom, du verzärtelter, goldreicher Spross des lateinischen Landes, Jungfrau, oft durch Hochzeitsgelage von zahlreichen Freiern völlig berauscht, nie wirst als Dirne du Hochzeit mehr feiern hier auf der Welt. Die Herrin wird oft dir das weichliche Haupthaar scheren und, waltend des Rechts, dich stoßen vom Himmel zur Erde, doch von der Erde wird sie wieder zum Himmel dich heben. Samos auch wird ein Sandhaufen sein und Delos verschwinden, Rom wird sein eine Gasse; denn alle Orakel erfüllen sich.« Sib 3,356-364

In den ethischen Belehrungen und Endzeitszenarien der *sibyllinischen Orakel* lassen sich Einflüsse der apokalyptischen Vorstellungswelt erkennen. Als »Sibylle« betrachtete man in der hellenistisch-römischen Epoche eine von einer Gottheit inspirierte umherziehende Frau, die im ekstatischen Zustand zukünftige Ereignisse verkündete. Die zwölf Bücher der Sibyllinen sind eine Sammlung in griechischer Sprache verfasster jüdischer und christlicher Orakelsprüche aus dem Mund einer solchen mythischen Frauengestalt als Offenbarungsträgerin. Hinsichtlich ihres Stils entsprechen die Sibyllinen der antiken epischen Dichtung. Im Verlauf ihrer Tradition wurden die sibyllinischen Orakel immer wieder überarbeitet, erweitert und aktualisiert. Die abschließende Redaktion des Sammelguts in seiner überlieferten Textgestalt fand erst im frühen Mittelalter statt. Erhalten sind die Sibyllinen nur in Manuskripten aus der Hand christlicher Tradenten. Ursprünglich ein Phänomen des griechisch-römischen Kulturkreises, fanden die Orakel in Form von mündlich tradierten Spruchsammlungen rasch Verbreitung in der antiken mediterranen Welt. Auf der Grundlage solcher Spruchsammlungen entstand die literarische Gattung der Sibyllinen als Endzeitorakel mit politischer Bedeutung.

Die überall in der Levante populäre Gattung wurde auch von jüdischen Autoren übernommen und nachträglich in der biblischen Tradition verankert, indem man die Sibylle mit der Schwiegertochter Noahs identifizierte (Sib 3,827). Das hierdurch unterstrichene hohe Alter der Orakel hob ihre Autorität und Zuverlässigkeit hervor. Als weithin gesichert gilt die jüdische Herkunft des Großteils der Bücher 3 bis 5. In ihrer vorliegenden Gestalt enthalten die jüdischen Sibyllinen umgearbeitete nichtjüdische Traditionen älteren Datums und zahlreiche Orakelsprüche jüdischer Herkunft, die sich ihrerseits unterschiedlichen Teilsammlungen zuordnen lassen. Diese jüdischen Teilsammlungen entstammen unterschiedlichen Epochen. Es kann als wahrscheinlich gelten, dass das 3. Buch der Sibyllinen spätestens dem 3. Jh. v. Chr. entstammt, während das 4. und das 5. Buch sich auf zeitgenössische Ereignisse des ausgehenden 1. und des beginnenden 2. Jhs. n. Chr. beziehen. Als Ort der Entstehung der Bücher 3 bis 5 gilt gemeinhin Ägypten.

Die jüdischen Sibyllinen enthalten verschlüsselte Prophezeiungen gegen die feindlichen nichtjüdischen Völker, insbesondere gegen das hellenistische Ptolemäerreich und gegen das römische Imperium. Die Orakel geben der Hoffnung auf eine zukünftige Zeitenwende, auf ein intervenierendes Eingreifen Gottes zugunsten seines bedrängten Volkes und auf die weltweite Anerkennung und Durchsetzung der Toragebote Ausdruck. Eine Periodisierung der geschichtlichen Weltzeitalter in zehn Generationen und vier aufeinander folgende Reiche schlägt dabei einen weiten Bogen von der Sintflut bis zum kommenden Weltenbrand. Der erhofften Zeit der Gottesherrschaft auf Erden und des Heils für Israel geht der Weltuntergang durch Feuer voraus (Sib 4,160 f.). Breit ausgemalt werden die zu erwartenden katastrophalen Naturphänomene (Erdbeben, Überschwemmung, Vulkanausbruch, Unwetter, Seuchen, Hungersnot, Dürre, kosmische Kämpfe) als unheilvolle Vorzeichen des Weltendes. Akzentuiert werden die scharfe Polemik gegen die Hybris des gierigen und lasterhaften römischen Reiches, der Vergeltungsgedanke und die Darstellung des kommenden Vernichtungsgerichts über die übermächtigen Feinde des Gottesvolkes (Sib 4,41 f.), das der idealen Welt- und Gesellschaftsordnung der Heilszeit vorangeht. Besonders bemerkenswert sind die Vorstellungen vom Auftreten eines feindlichen Gegenspielers Gottes mit Namen Beliar (Sib 3,63 ff.), vom erwarteten Kommen eines kriegerischen endzeitlichen Retterkönigs (Sib 3,652 ff.) und von einer allgemeinen Totenauferweckung als Voraussetzung des Endgerichts über Gerechte und Ungerechte (Sib 4,181 f.).

Es ist bemerkenswert, dass die jüdischen Orakel die in ihnen zum Ausdruck kommende Heilshoffnung und die hierin implizit enthaltene Gegenwartskritik unter die Autorität der ursprünglich nichtjüdischen Gestalt der Sibylle stellen. Nicht mehr die Autorität Moses oder der biblischen Propheten, sondern die populäre Offenbarungsliteratur ist hier zum Medium der göttlichen Willensoffenbarung geworden. Verständlich wird diese *interpretatio Iudaica* einer paganen mythischen Gestalt indes dadurch, dass die sibyllinischen Orakel im ägyptischen Judentum zunächst keine Konventikelliteratur darstellten, in der die spezifische Weltdeutung einer bestimmten Sondergruppe zum Ausdruck kommt und mittels derer sich diese Gruppe von der sie umgebenden Mehrheit abgrenzen will. Die Propaganda der Sibyllinen richtete sich vielmehr nach außen, indem sie einem nichtjüdischen Publikum aus jüdischer Perspektive die unausweichlichen Konsequenzen ihrer fortgesetzten Hinwendung zum paganen Polytheismus und – im 4. und 5. Buch – insbesondere der Unterstützung der verhassten heidnischen Weltmacht Rom vor Augen stellten. Zu einem zentralen Missionsargument war die Betonung des Vernichtungsgerichts über die gottlosen Feinde Israels bereits während der Ptolemäerzeit geworden. Zugleich brachten die Orakel durchweg den geistigen Widerstand des ägyptischen Judentums gegen die fortgesetzte hellenistische Fremdherrschaft, ihre Politik, ihre Kultur und ihre Religion zum Ausdruck. Formen und Inhalte der apokalyptischen Literatur wurden dabei instrumentalisiert. Im Mittelpunkt stand jedoch nicht die sinnstiftende Deutung der Gegenwart, sondern die offensive Propagierung des jüdischen bildlosen Monotheismus.

Das Jubiläenbuch

»Und in jenen Tagen werden die Kinder beginnen, die Gesetze zu suchen und das Gebot zu suchen und umzukehren auf den Weg der Gerechtigkeit. (…) Und alle ihre Tage werden sie in Frieden und in Freude vollenden und leben. Und es gibt auch keinen Satan, und es gibt auch keinen

Bösen, der zugrunde richtet. Denn alle Tage werden Tage des Segens und des Heils sein. (...) Und Du, Mose, schreibe diese Worte! Denn so ist es geschrieben und er bringt es herauf auf das Zeugnis der Tafeln des Himmels für die Generationen der Ewigkeit.« Jub 23,26-32

Das *Jubiläenbuch* ist seiner Gattung nach ein fortlaufender erzählender Midrasch zu Gen 1 bis Ex 20. Es erhebt den Anspruch, die Wiedergabe der Sinaioffenbarung an Mose und somit eine autoritative Auslegung insbesondere des Buches Genesis zu enthalten. Seine Zuordnung zur apokalyptischen Literatur ist nicht unumstritten. An zukünftigen Geschehnissen hat das Buch tatsächlich nur wenig Interesse. Viel eher scheint es an der erinnerten Zeit des Heils interessiert. So trägt es immer wieder gegenwärtig umstrittene Bestimmungen und Bräuche in die längst vergangene Epoche der Erzeltern Israels ein. Auch enthält es weder ausführliche Offenbarungsreden noch einen umfassenden Geschichtsüberblick von der Schöpfung der Welt bis zu ihrer Vernichtung. Selbst die erhoffte Heilszeit wird im Jubiläenbuch als innerweltlich und innergeschichtlich vorgestellt. Dennoch greift es immer wieder auf Motive zurück, die der apokalyptischen Vorstellungswelt entlehnt sind. Ebenso ähnelt es hinsichtlich seiner Pragmatik solchen Schriften, die sich eindeutig der apokalyptischen Literatur zuordnen lassen.

Vollständig überliefert ist der Text des Jubiläenbuches nur in 27 Handschriften einer äthiopischen Tochterübersetzung. Daneben existieren eine unvollständige lateinische Handschrift, einige in syrische Chroniken aufgenommene Textabschnitte und eine Reihe kurzer griechischer Zitate in kirchlichen Texten aus byzantinischer Zeit. Der Fund von einigen Fragmenten des Jubiläenbuches bei Qumran, von denen sich die ältesten auf das ausgehende 2. Jh. v. Chr. datieren lassen, zeigt nicht nur, dass man es hier las und tradierte, sondern auch, dass es ursprünglich in hebräischer Sprache verfasst wurde. Die erkennbare Betroffenheit seines Autors von den zeitgeschichtlichen Vorgängen im Zusammenhang mit dem gescheiterten Umsturzversuch in Jerusalem zur Zeit des Antiochos IV. lässt es als sicher erscheinen, dass die Schrift in der zweiten Hälfte des 2. Jhs. v. Chr. in Palästina entstanden ist. Zahlreiche inhaltliche Gemeinsamkeiten mit äthHen 1-36 (z.B. die Tradition vom Aufstand der Wächterengel) deuten darauf hin, dass ihr Autor in Beziehung zu den priesterlichen Trägerkreisen dieses Teils der Henochliteratur stand.

In seiner narrativen Ausgestaltung des Bibeltextes stellt sich der Inhalt des Jubiläenbuches als an Mose ergangene himmlische Offenbarung der umfassenden Weltordnung und des – von Anfang an unverrückbar feststehenden – Verlaufs der gesamten Weltgeschichte dar (Jub 1,26). Dabei unterteilt das Buch die vergangene und die zukünftige Heilsgeschichte mittels der Sabbatstruktur eines symbolisch aufgeladenen Siebenerschemas in aufeinander folgende Zeiträume bzw. »Jubiläen« (Zeiteinheiten von 49 Jahren). Innerhalb der Geschichte erscheint der Tun-Ergehen-Zusammenhang außer Kraft gesetzt, was für den antiken Autor die ihn umgebende und trotz allem frommen Bemühen als bedrückend wahrgenommene Gegenwart erklärt. Als Zielpunkte des göttlichen Geschichtsplans gelten ihm eine endzeitliche Neuschöpfung und der Anbruch der universalen Gottesherrschaft, als deren räumlicher Ausgangspunkt der Jerusalemer Gottesberg Zion gedacht ist. Leitend ist dabei auch der Gedanke einer Entsprechung zwischen der vergangenen paradiesischen und der zukünftigen eschatologischen Heilszeit.

Von besonderem Interesse ist der eschatologisch bedeutsame Textabschnitt in Jub 23,9-31. Er enthüllt den seit Anbeginn der Schöpfung feststehenden und auf »himmlischen Tafeln« festgeschriebenen Plan Gottes. Er stellt dar, wie seit der Sintflut die Gesetzlosigkeit immer weiter zunahm und wie Leid und Bosheit in der Welt mächtig wurden. Er beschreibt auf dieser Basis einen gegenwärtigen massiven Konflikt sowohl zwischen dem palästinischen Judentum und seiner paganen Umwelt als auch innerhalb des Gottesvolkes Israel, der sich am sündhaften Ungehorsam vieler gegen Gottes Gebote entfacht. Am Ende wird auf ein zukünftiges göttliches Gerichtshandeln verwiesen, das den Gerechten das ewige Leben, den nichtjüdischen Feinden und den abtrünnigen Frevlern aber die Vernichtung bringt. Das Jubiläenbuch nimmt hier Bezug auf die Krise unter Antiochos IV. und stellt sie als katastrophalen Höhepunkt des Geschichtsverlaufs und zugleich als erlösende Schwelle zur Gottesherrschaft in den Schnittpunkt zwischen der vergangenen und der zukünftigen Zeit des Heils in der gemäß dem ursprünglichen Schöpferwillen Gottes neu geordneten Welt. Während die Bedrückung Israels in Geschichte und Gegenwart vom Autor des Buches durch fortgesetzten Ungehorsam erklärt wird, akzentuiert er zugleich den unmittelbaren Wirkzusammenhang zwischen dem rechten – nämlich Toragehorsam und Erwählung entsprechenden – aktuellen Verhalten und dem Anbruch der ersehnten Heilswende.

Es ist deutlich geworden, dass die Funktion der Bezugnahmen auf die Gewissheit der verheißenen Heilsereignisse im Jubiläenbuch in der Einschärfung der Toraobservanz besteht. Konstitutiv für das Verständnis seiner Ethik ist also ihre Zusammengehörigkeit mit der Eschatologie. Die Gemeinschaft Israels mit Gott wird dabei auf das apokalyptische Geschichtsbild bezogen. Das Bewahren des Mosegesetzes ist die Bedingung für die Teilhabe an der nahen Heilswende. Gerechtigkeit wird zur Voraussetzung der erhofften Heilszeit.

Das Jubiläenbuch ist zwar keine genuin apokalyptische Schrift, aber ein wichtiger Zeuge apokalyptischer Schriftauslegung. In ihm verbindet sich in eigentümlicher Weise die traditionelle jüdische Torafrömmigkeit mit der apokalyptischen Vorstellungswelt. Die Sicherung der – durch den Hellenismus bedrohten – jüdischen Identität und die Beantwortung der Theodizeefrage geschehen dabei weniger mittels Schilderung einer radikalen Umwälzung aller irdischen Verhältnisse durch Gott selbst als mittels der Erinnerung an die heilvolle Vergangenheit, insbesondere an die Zeit der Erzeltern Israels. Das fromme und »konservative« schriftgelehrte bzw. priesterliche Milieu, in dem das Buch entstand, fand darin eine durch die Autorität Moses gedeckte solidarisierende Begründung seines dezidiert antihellenistischen Selbstverständnisses und seiner restaurativen Reformziele. Die exklusive Selbstwahrnehmung dieses Milieus als wahre Hüter des religiösen Erbes konnte vor dem geschichtlichen Hintergrund der antihellenistischen makkabäischen Erhebung sowohl die betonte Abgrenzung von der nichtjüdischen Welt als auch die strikte Ablehnung des – durch die jüdischen Parteigänger der hellenistischen Syrer korrumpierten – gegenwärtigen Tempelbetriebs bedeuten.

Das syrische Baruchbuch

»Siehe, darum werde ich Unheil über diese Stadt und ihre Bewohner bringen, und das Volk soll für einige Zeit aus meiner Gegenwart entfernt werden. Und ich werde dieses Volk unter die Völker zerstreuen, dass es den Völkern wohl tun werde. Und mein Volk wird gezüchtigt werden. Und dann wird die Zeit kommen, dass sie die Zeiten ersehnen, die sie glücklich machen.« syrBar 1,4 f.

Das *syrische Baruchbuch* enthält eine Vielzahl apokalyptischer Motive, die es in bemerkenswert eigenwilliger Weise verwendet, indem es sie in paränetischer Abzweckung in einen Auftrag zur rechten Lebensführung nach den Geboten Gottes übersetzt. Die Tempelzerstörung im Jahre 70 n. Chr. ist der apokalyptischen Weltbetrachtung in die Quere gekommen. Vor diesem Hintergrund stellt die Schrift einen Versuch dar, die nationale und religiöse Katastrophe mit dem überkommenen apokalyptischen Welt- und Geschichtsverständnis in Einklang zu bringen. Vollständig ist ihr Text nur in einer einzigen syrischen Handschrift aus dem 6. oder 7. Jh. n. Chr. erhalten. Diese syrische Übersetzung beruht auf einem nahezu verschollenen griechischen Text, der seinerseits auf einer verlorengegangenen hebräischen oder aramäischen Vorlage basiert. Die zahlreichen formalen Übereinstimmungen und inhaltlichen Parallelen zwischen dem syrischen Baruchbuch und dem etwa zeitgenössischen 4. Buch Esra (s.u. 75 ff.) beruhen wohl nicht auf einer direkten literarischen Abhängigkeit der beiden frühjüdischen Schriften, sondern auf einer gemeinsamen Beheimatung in der apokalyptischen Tradition.

In dem Buch begegnet Baruch, der Schreiber des Propheten Jeremia (Jer 36), als pseudonymer Gewährsmann, dem in einer Reihe von Visionen und Auditionen das kommende Ende des Jerusalemer Tempels geoffenbart wird. Grundlegend für die fiktive Visionsschilderung – und bei der Lektüre der Schrift vorausgesetzt – ist hierbei die typologische Entsprechung zwischen der Zerstörung Jerusalems und des Salomonischen Tempels durch die Truppen Nebukadnezzars II. im Jahre 587/86 v. Chr. und der Zerstörung des Herodianischen Tempels durch die Römer im Jahre 70 n. Chr. Vermutlich ist das syrische Baruchbuch bald nach diesem Zeitpunkt im ausgehenden 1. Jh. n. Chr. entstanden. Sein Verfasser gehörte also der ersten Generation nach der Tempelzerstörung an.

Das Buch beginnt mit einer Einleitung (syrBar 1-12), in der dem apokalyptischen Seher die Zerstörung Jerusalems angekündigt wird. Sein Hauptteil besteht aus Belehrungen Baruchs über die Zukunft in Form von Antworten Gottes (syrBar 13-77). Innerhalb dieses Buchteils lassen sich zwei ausführliche Traumvisionen mit anschließender Deutung herauslösen (syrBar 35-40 [Zedernvision]; syrBar 53-74 [Wolkenvision]). Hervorzuheben ist hier, dass der Toragehorsam des Protagonisten stets dem Empfang der Deutung seiner Vision vorangeht. Am Ende des Buches steht ein ausführlicher Brief Baruchs an die neuneinhalb Stämme Israels im Exil (syrBar 78-87).

In der Bucheinleitung wird die Bedeutung der Zerstörung des irdischen Tempels in mehrfacher Hinsicht relativiert. Zum einen zeigt allein die Tatsache, dass der Seher vorab Kenntnis von der Katastrophe erhält, dass diese von Anfang an in Gottes übergreifendes Heilskonzept integriert war und innerhalb dieses Konzepts eine bestimmte Funktion hat. Weiterhin wird die Zerstörung des Jerusalemer Tempels (der hier anders als im äthiopischen Henochbuch und im Jubiläenbuch unumstrittene Anerkennung erfährt) nicht durch die feindlichen fremden Mächte ausgelöst, sondern durch die Engel selbst (syrBar 6f.). Hierdurch erscheint sie als ein erziehendes Strafhandeln Gottes an seinem schuldig gewordenen Volk. Die Bewahrung der wichtigsten Kultgegenstände im Tempel durch die Engel (syrBar 6,7) zeigt an, dass Gottes ungebrochener Heilswille trotz dieses befristeten Strafhandelns dauerhaft bestehen bleibt. Schließlich wird die zukünftige Heilsbedeutung des irdischen Tempels auf sein transzendentes und präexistentes Pendant übertragen. Seine Zerstörung ist also nicht nur Zeichen der Durchsetzung des Willens Gottes, sondern auch Vorzeichen und entscheidende Voraussetzung der erhofften Wende zum universalen Heil, auf ewig gestiftet im himmlischen Tempel der Endzeit.

Auch innerhalb des Hauptteils der syrischen Baruchapokalypse wird das festgefügte Konzept des Verlaufs der Weltgeschichte als Entfaltung des bereits vor der Schöpfung festgelegten Heilsplans des Gottes Israels betont. Dabei erscheint – anders als etwa im Jubiläenbuch – die Urzeit nicht als ein typologisches Vorbild der Heilszeit, sondern als anfängliche Unheilsperiode (syrBar 53). Mehrfach betont der antike Autor, dass sich Gottes Heilsverheißungen nicht auf die gegenwärtige Weltzeit beziehen, sondern erst auf die kommende Weltzeit des universalen Heils. Deutlich wird auch seine Überzeugung, selbst in der Endzeit zu leben, obwohl die endgültige Heilszeit für ihn noch aussteht. Die Gegenwart erscheint als bloßes Interim, als eine vorübergehende dunkle Vorperiode unmittelbar vor der endgültigen Äonenwende. Vor dem Hintergrund, dass der Tun-Ergehen-Zusammenhang in diesem Äon nicht ersichtlich erscheint, wird das Tun in diesem Äon mit dem Ergehen im kommenden Äon in Beziehung gesetzt. Die Gegenwart wird also zum Ort der Bewährung für den jüdischen Frommen. Entscheidend für sein zukünftiges Heil ist sein aktueller Toragehorsam. Im Kontext der oft uneinheitlichen eschatologischen Vorstellungen des Buches ist hier eine deutliche Prägung durch den Gerichtsgedanken zu erkennen. Unterstrichen wird die heilsrelevante Bedeutung des gegenwärtigen Toragehorsams für das zukünftige Ergehen. Allerdings ist die Tora in der syrischen Baruchapokalypse zwar die Norm des kommenden Gerichts, aber die erwartete Heilszeit kann in diesem Äon vermittels der Ethik nicht vorwegnehmend verwirklicht werden.

In syrBar 72 ff. ist die Rede vom Kommen eines Messias (s. u. 81 ff.), der am Ende dieser Weltzeit alle Völker richten wird. Dieses Gericht mit zweifachem Ausgang führt die Frommen ins ewige Leben, die Feinde Gottes aber in den Tod. Bedeutsam ist in diesem Zusammenhang der Gedanke, dass das messianische Zeitalter nicht identisch mit der kommenden Heilszeit, sondern nur ein irdisches begrenztes Durchgangsstadium auf dem Weg zur himmlischen Existenz im kommenden Äon ist.

Der Verfasser der syrischen Baruchapokalypse ist am »wie« des Weltendes kaum interessiert. Vielmehr will er seine Leser, deren Situation angesichts der gewaltigen nationalen und religiösen Depression nach dem Verlust des Heiligtums durch erregte Verwirrung, Betroffenheit und Suche nach Auswegen gekennzeichnet ist, trösten und bestärken, indem er ihnen einschärft, dass gerade die Frommen und Getreuen an der Schwelle zur Heilszeit stehen (syrBar 6,9). Dabei formt er apokalyptisch-eschatologische Motive in eine allgemeine Mahnung zur geduldigen Toraobservanz trotz aller widrigen Umstände um. Die geschehene Katastrophe der Tempelzerstörung und die durch sie ausgelöste gegenwärtige Misere werden in der apokalyptischen Trostschrift theologisch verarbeitet, indem beides als vorherbestimmt, gottgewollt und unumgänglich notwendig dargestellt wird. Gott bedient sich der Feinde Israels, um die Frevler gegen seinen Bund und seine Gebote zu bestrafen. Aber sowohl die Feinde als auch die Frevler werden zu Beginn des erwarteten neuen Äons individuell gerichtet werden. Auch erlittenes Unglück und gegenwärtiges Leiden sind deshalb für den jüdischen Frommen letztendlich positiv und geduldig zu ertragen; beides kann geradezu als Beweis für die unmittelbare Nähe des Heils gelten.

Das 4. Buch Esra

»Wenn in der Welt Erschütterungen an verschiedenen Orten erscheinen, Verwirrung unter den Völkern, Anschläge unter den Nationen, Unruhen unter den Führern, Verwirrung unter den Fürsten, dann wirst du erkennen, dass der Höchste darüber gesprochen hat seit den Tagen, die zuvor im Anfang gewesen sind. (…) Jeder aber, der gerettet worden ist und der entrinnen kann durch seine Werke oder durch den Glauben, womit er geglaubt hat, der wird von den angesagten Gefahren übriggelassen werden und er wird mein Heil sehen in meinem Land und in meinem Gebiet, das ich mir von Ewigkeit her geheiligt habe.« 4. Esr 9,3-8

Das *4. Buch Esra* ist eine jüdische Schrift aus der Zeit nach der Tempelzerstörung des Jahres 70 n. Chr., deren Verfasser zahlreiche ältere apokalyptische Vorstellungen, Traditionen und Stoffe aufgenommen hat, um die – sämtliche Deutungsschemata der herkömmlichen Glaubenstradition sprengende – konkrete Katastrophenerfahrung theologisch zu deuten. Es tut dies, indem es zwischen der Theodizeefrage und der Forderung nach Toraobservanz vermittelt. Der vollständig erhaltene lateinische Text des Buches geht auf eine griechische Übersetzung einer nicht mehr erhaltenen hebräischen oder aramäischen Vorlage zurück. Seine jüdische Grundschrift wurde schon früh auch von Christen gelesen, kopiert, überarbeitet und durch die Hinzufügungen zweier vorangehender (5. Buch Esra) und zweier folgender (6. Buch Esra) Kapitel ergänzt (s. u. 115). Diese ergänzende Überarbeitung erklärt auch, warum das Buch in sämtlichen Textausgaben und Übersetzungen mit dem dritten Kapitel beginnt. Ebenso zeigt die Existenz zahlreicher alter Übersetzungen der Schrift in die syrische, arabische, armenische, georgische und koptische (sahidische) Sprache die frühe Popularität und weite Verbreitung des 4. Buches Esra im christlichen Überlieferungsbereich.

Als Offenbarungsempfänger und fiktiver Verfasser des kunstvoll und komplex durchkomponierten Buches begegnet auch hier eine biblische Gestalt, nämlich der jüdische Priester und persische Bevollmächtigte Esra (Esr 7; Neh 8). Die erzählte Zeit des Offenbarungsgeschehens ist das 30. Jahr nach dem Untergang Jerusalems und des Salomonischen Tempels (557 v. Chr.); Ort des Geschehens ist das perserzeitliche Babel. In dieser fiktiven Situation des geschilderten Offenbarungsgeschehens spiegelt sich die faktische Situation des antiken Autors und seiner Adressaten. Überträgt man den seit der Zerstörung des Jerusalemer Heiligtums vergangenen Zeitraum von 30 Jahren auf den Herodianischen Tempel und stellt man in Rechnung, dass sich die Adlervision Esras (s. u. 77) auf Kaiser Domitian (gest. 96 n. Chr.) als bereits überwundenen römischen Herrscher bezieht, kommt man auf eine Datierung der Schrift um das Jahr 100 n. Chr. Als Ort ihrer Abfassung ist wahrscheinlich Palästina anzunehmen.

Das 4. Buch Esra enthält sieben Visionen des Sehers Esra über die Zukunft Israels und über das Ende der Welt. Von seiner literarischen Einheitlichkeit ist unbeschadet der Heterogenität der in ihm verarbeiteten Traditionen und Motive auszugehen. Die literarische Darstellung seiner exklusiven Einblicke in die himmlische Welt lässt sich in einen dialogischen (Vision 1-3) und einen visionären Teil (Vision bzw. Audition 4-7) untergliedern. Der vierten Vision kommt innerhalb des Buchaufbaus eine erkennbare Brückenfunktion zu. Die drei Dialogteile mit visionärem Rahmen enthalten Zwiegespräche Esras mit dem Engel Uriel. Die zahlreichen Disputationsfragen des Sehers und die Antworten des Offenbarungsengels thematisieren in apologetischer Weise die Sünde, das Leiden und das Gericht. Im ersten Dialog (4. Esr 3,1-5,19) geht es zunächst um das Unglück Israels im Angesicht des Glücks seiner Feinde, um das Problem der unlösbaren Sündenverstrickung des geschaffenen

Menschen seit Adam und insbesondere um die Frage, warum der gerechte Gott Israels die Tempelzerstörung zugelassen hat. In ähnlicher Weise will Esra im zweiten Dialog (4. Esr 5,20-6,34) wissen, ob Gott denn sein erwähltes Volk verloren gegeben hat. Die Antworten Uriels betonen hier die Unergründlichkeit der Wege Gottes und die Gewissheit des kommenden Heils allein durch Gott und allein für die Frommen. Obwohl der dritte Dialog (4. Esr 6,35-9,25) die Bedeutung des von Anfang an determinierten Verlaufs der Weltgeschichte im gegenwärtigen, radikal sündenverfallenen Äon relativiert, indem er sie – unter Einschluss einer vierhundertjährigen vorläufigen messianischen Heilszeit (4. Esr 7,26-44) – nur als ein heilsleeres notwendiges Durchgangsstadium vor dem kommenden Äon versteht, betont er zugleich die Aktualität der Forderung an alle jüdischen Gerechten, angesichts des drohenden Gerichts die Gebote Gottes ausnahmslos zu halten und zu bewahren. Alle drei Dialoge entfalten einen radikalen Äonendualismus und weisen zugleich auf die prinzipielle Irrelevanz des allgemeinen geschichtlichen Geschehens für das individuelle endzeitliche Heil hin.

In der ersten der nun folgenden drei ausgedehnten Visionen (4. Esr 9,26-10,60) sieht Esra eine geheimnisvolle Frauengestalt, deren Bedeutung als Bild für den gegenwärtigen und den zukünftigen Jerusalemer Tempelberg Zion ihm der Deuteengel enthüllt. Im Kontext der Makrostruktur der apokalyptischen Schrift ist der hier zum Ausdruck kommende Umschwung im Denken der narrativen Gestalt Esra von ganz besonderer Bedeutung. Erst in dem Moment nämlich, in dem er aufgehört hat zu fragen und zu zweifeln und in dem er seine eigene Schuld eingesteht und beginnt, die weltordnende Macht und Gerechtigkeit Gottes vorbehaltlos anzuerkennen und seinen Ratschluss zu akzeptieren, wird er dazu befähigt, die Offenbarung der heilvollen Zukunft für alle Gerechten Israels zu empfangen (vgl. 4. Esr 10,1). Der gewandelte Visionär, nunmehr selbst Offenbarungsmittler, sieht sodann zwei Tiergestalten (4. Esr 11,1-12,49), in denen das Werden und Vergehen der feindlichen Weltmächte zum Ausdruck kommt. In der hieran anschließenden Sturmvision (4. Esr 12,50-13,58) begegnet die – sicher vom biblischen Danielbuch (s. o. 59 ff.) inspirierte – eschatologische Heilsgestalt des himmlischen »Menschen« (bzw. »Menschensohnes«). Die Aufgaben dieses vor der finalen Äonenwende auftretenden Mandatars Gottes, der im 4. Buch Esra mit der Messiasgestalt verschmolzen ist, sind die Erringung des finalen Sieges über die Feinde Israels und die Terminierung und Durchführung des endzeitlichen Gerichts. In der abschließenden Audition (4. Esr 14,1-48) wird sowohl Esras Entrückung angekündigt als auch seine Inspiration durch

Gott und die Erfüllung seines Offenbarungsauftrags geschildert. Zugleich erfährt der Leser von seinem eigenen heilsgeschichtlichen Standpunkt kurz vor dem Ende dieser Weltzeit (4. Esr 14,11).

Im 4. Buch Esra begegnen zentrale Motive der apokalyptischen Literatur wie das Konzept eines Äonendualismus, die Vorstellung von einem vergeltenden Endgericht mit zweifachem Ausgang, die Frage nach der Gerechtigkeit Gottes sowie Überlegungen über die Ursache der Sünde in der Welt und den Sinn des Leidens der Frommen. Für den Verfasser des Buches galten angesichts der ausweglosen Gegenwart und insbesondere vor dem Hintergrund der erfahrenen Katastrophe der Tempelzerstörung Schöpfung und Erwählung nicht mehr als Prärogative Israels oder gar als Orientierungspunkte des künftigen Heilshandelns Gottes. Der Verbindung von Ethik und Eschatologie im 4. Buch Esra kommt deshalb eine besondere Bedeutung in dem Sinne zu, dass das heilswirksame Gesetz mittels der Eschatologie ins Recht gesetzt wird. Indem der Verfasser betonte, dass es tatsächlich Gerechte gibt, die allein infolge ihres Gesetzesgehorsams das eschatologische Heil erlangen werden, rief er seine frommen jüdischen Adressaten dazu auf, zuversichtlich auf die kommende Erlösung zu warten. Zugleich forderte er von ihnen, in dieser Hoffnung auch strikt nach der Tora zu handeln.

Das 4. Buch Esra macht seinen gedachten Lesern mit seinem Protagonisten ein Identifikationsangebot, das sie im Verlauf des erzählten Geschehens zunächst zu der Erkenntnis führt, dass das böse Wesen des Menschen und die heillose Geschichte dieser Welt bis hin zur Zerstörung des Jerusalemer Heiligtums und der Bedrückung durch das römische Imperium integrale Bestandteile eines von Anfang an determinierten Geschichtsverlaufs sind. Zugleich macht es ihnen deutlich, dass die Gültigkeit der Bundesverheißung des gütigen und gerechten Gottes Israels sich keinesfalls auf diesen, sondern allein auf den kommenden Äon bezieht. Hieraus ergibt sich das Problem, wie Menschen angesichts dieser fatalistischen Gegenwartsdeutung überhaupt zu einem verantwortlichen Handeln zu bewegen sind. Der Verfasser des Buches löste dieses Problem, indem er die beiden eigentlich konträren Vorstellungen vom Heil, das ausschließlich durch Gottes Gnade und ausschließlich in der kommenden Welt zu erlangen ist, und vom Heil, das die individuelle und eigenverantwortliche Toraobservanz bereits in der Welt, in der seine Adressaten noch leben, zu bewirken vermag, in paradoxer Weise miteinander verband. Die Verborgenheit Gottes im Weltgeschehen offenbart sich seines Erachtens nur dem Gerechten, dessen Erwählungsgewissheit auf der Gabe der – gegenwärtige Orientierung und zukünftige

Erlösung gewährleistenden – Tora fußt und dessen Heilshoffnung sich in der Treue zur Tora realisiert. Zugang zum kommenden Äon erlangt der Mensch also gleichermaßen durch Gottes Gnade und durch sein eigenes Handeln. Allein durch das Halten des gottgegebenen Gesetzes kann der einzelne Gerechte demnach seine individuelle Herausnahme aus dem endzeitlichen Strafgericht bewirken und zum Heil gelangen.

Apokalyptische Elemente in anderen jüdischen Schriften

Seit der Krisenzeit unter Antiochos IV. drangen apokalyptische Ideen und Motive auch in den jüdischen Hauptstrom ein und wurden unter unterschiedlicher Abzweckung in unterschiedliche literarische Kontexte integriert. Außer in den bereits ausführlich behandelten antiken jüdischen Texten begegnen formale und inhaltliche Elemente der apokalyptischen Literatur deshalb auch in einer Reihe von Schriften, die hinsichtlich Gattung und Funktion nur partielle Übereinstimmungen mit ihr aufweisen. Die meisten dieser – oft nur unvollständig oder gar fragmentarisch erhaltenen – Schriften sind nur in Übersetzungen aus dem Hebräischen oder Aramäischen in unterschiedliche christliche Literatursprachen erhalten und im Verlauf ihrer Übersetzung und Überlieferung von den christlichen Abschreibern immer wieder ergänzt und überarbeitet worden. Auffällig ist, dass in diesen jüngeren Apokalypsen nicht mehr nur Weise und Heroen der Vorzeit, sondern zunehmend auch Propheten als fiktive Offenbarungsträger gelten.

In den *Testamenten der zwölf Patriarchen* begegnen apokalyptische Motive im Kontext der ausführlichen pseudepigraphen Vermächtnisreden der sterbenden Söhne Jakobs an ihre Nachkommen. Eigentlich bezweckte die in ihrem wohl bereits dem 2. Jh. v. Chr. entstammenden Grundbestand jüdische, später allerdings christlich überarbeitete Schrift die ethische Anweisung und paränetisch motivierte Warnung ihrer Adressaten, unter keinen Umständen von den Gesetzen Gottes abzufallen. Immer wieder wird dem Leser der Vermächtnisreden in aggressiver Weise eingeschärft, dass nur eine fromme Existenz die Grundlage der endzeitlichen Heilsverheißungen sein kann.

Die Jakobsöhne gelten hier als nachahmenswerte geistliche Leitgestalten und als Personifikationen einer idealisierend verklärten vorzeitlichen Frömmigkeit und Tugend. Sie sehen das zukünftige Ergehen ihres eigenen Stammes, ganz Israels und der gesamten Menschheit voraus. Der Verlauf dieser Geschichte wird in dualistischer Weise bestimmt vom Antagonismus zwischen Gott und seinem Widersacher Beliar. An ihrem Ende stehen Gottes siegreiches Eingreifen in das Weltgeschehen und eine allgemeine irdische Auferstehung der Gerechten. Als Führer des Volkes während der Endzeit begegnen in den Testamenten wiederholt zwei Messiasgestalten, einer aus dem priesterlichen Stamm Levi und einer aus dem königlichen Stamm Juda.

Das Anliegen der apokalyptischen Theologie verfolgt auch die wohl zu Beginn des 1. Jhs. n. Chr. abgefasste *Himmelfahrt Moses*. Erhalten ist die – eigentlich der Testamentenliteratur zuzurechnende – Schrift allein in lateinischer Übersetzung in Gestalt einer einzigen unvollständigen Handschrift. Der Seher Mose steht hier als berühmter Garant für das Alter und für die Authentie der ihm offenbarten Botschaft. Seine ausführlichen Vermächtnisreden an Josua enthalten zunächst Offenbarungen (bzw. *Ex-eventu*-Prophezeiungen) über das Ergehen Israels in Form eines mit Berechnung strukturierten Geschichtsüberblicks bis zur Rückkehr aus dem Exil und sodann Weissagungen über den weiteren – teleologisch determinierten – Verlauf der Geschichte bis zum Ende der Welt und dem erhofften Anbruch der universalen Gottesherrschaft. Durchweg stößt man bei der Lektüre auf weitere typische Motive literarischer Apokalypsen wie die Irrelevanz des menschlichen Tuns für das geschichtliche Ergehen, die transzendentale Eschatologie und die Hoffnung auf ausgleichende Gerechtigkeit mittels des Endgerichts und der endzeitlichen Heilsverwirklichung einzig und allein durch die Macht Gottes. Innerhalb des Ausblicks auf die Zukunft im zweiten Sinnabschnitt des Werkes überlagern sich deutlich erkennbar die Perspektive des Offenbarungsempfängers bzw. fiktiven Erzählers Mose und die Perspektive des eigentlichen Autors der antiken jüdischen Schrift. Die Schilderung des Eingreifens Gottes am Ende aller Tage malt die Belohnung des gesamten Volkes Israel aus, nämlich seine Entrückung in den Himmel und die Bestrafung aller seiner Feinde. Auf diese Weise formuliert der jüdische Verfasser offenbar seine Hoffnung auf ausgleichende Gerechtigkeit angesichts der von ihm und seinen Lesern gegenwärtig erfahrenen Ungerechtigkeit und Unterdrückung.

Die ebenfalls christlich überarbeitete *Apokalypse Abrahams* (Anfang 2. Jh. n. Chr.) enthält die Schilderung einer visionären Himmelsreise des Erzvaters Israels, der, nachdem er den Götzendienst abgeschafft hat, in Begleitung des Engels Jaoel von Tauben in die höchsten Sphären getragen wird. Dort erkennt er die Vorherbestimmung des menschlichen Schicksals, erfährt sowohl vom Verlauf und vom Ende der Geschichte der verdorbenen irdischen Welt als auch von der kommenden Welt der

Gerechten. Er erblickt die himmlischen Heerscharen und am Ende auch den prächtigen Feuerthron Gottes.

Aus vier Bruchstücken besteht das *Apokryphon Ezechiel*, ein etwa gleichzeitig verfasster apokalyptischer Text, dessen Hauptinhalt ein auf das kommende Endgericht bezogenes Gleichnis ist. In den erhaltenen, inhaltlich recht uneinheitlichen und kaum zu datierenden Fragmenten der *Apokalypse* (bzw. der *Apokalypsen*) *Zephanjas* geht es um die Jenseitsreise, wohl des biblischen Propheten Zephanja, der vom Geist in das himmlische Jerusalem erhoben wird. Hier sieht er die Bücher, in denen alle guten und schlechten Taten aufgezeichnet sind, wird Zeuge des göttlichen Strafgerichts und erblickt auch den jenseitigen Ort seines Vollzugs an den Sündern durch Strafengel. Von einer Himmelsreise berichtet schließlich auch die *griechische Baruchapokalypse* (ca. 2. Jh. n. Chr.). Umstritten ist der jüdische Ursprung dieses nur in verkürzter Form in kirchlicher Überlieferung erhaltenen Textes. Baruch wird hier von einem Engel durch fünf ferne himmlische Sphären geführt, wo auch er die endzeitliche Bestrafung der Sünder und die Belohnung der Gerechten sieht. Gerade die beiden zuletzt erwähnten Texte können als Beispiele für das allmähliche Verglimmen einer angespannten eschatologischen Naherwartung gelten, in deren Mittelpunkt nur mehr die Vorstellungen einer transzendenten himmlischen Welt und eines allgemeinen Gerichtes über die Toten rücken.

Messiaserwartung und Apokalyptik

»Ein Messias ist eine priesterliche, königliche oder andersartige Gestalt, die eine befreiende Rolle in der Endzeit spielt.« G. Oegema, Gesalbte, 28

Der Ursprung des titularen Gebrauchs des hebräischen Begriffs משיח / *mašiah* (»*Messias*«) im antiken Judentum und seiner (aus der Septuaginta übernommenen) griechischen Entsprechung χριστός (»*Christus*«) im frühen Christentum liegt im Alten Testament. Hier bezeichnet das hebräische Wort zunächst einen »Gesalbten«, d.h. einen durch rituelle Salbung des Hauptes durch einen Priester in sein Amt eingesetzten Würdenträger. Eine solche rituelle Salbung erfolgte im alten Israel und auch in dessen Umwelt zumeist bei Königen. Der spätere Wortgebrauch in der apokalyptischen Literatur ist hierin noch nicht enthalten. Erst während der Exilszeit konnte der Messiastitel auch auf den Hohenpriester übertragen werden. Später wurde er sukzessive mit der Vorstellung eines endzeitlichen Heilsbringers verbunden.

Neben dem Opferkult am Salomonischen Tempel war auch die Königssalbung ein sichtbarer Ausdruck der Gottesherrschaft. Als theokratischer Legitimationsakt zeigte der Ritus zum einen an, dass die Herrschaft des Gesalbten gottgewollt war und unter Gottes besonderem Schutz stand. Zum anderen brachte die Salbung zum Ausdruck, dass das irdische Königtum als göttlich autorisierte Funktionsausübung seinerseits der Herrschaft und dem Willen Gottes unterstellt war. Von einer eschatologischen Deutung der königlichen Ehrenbezeichnung ist in den biblischen Texten an keiner Stelle explizit die Rede. Auch die Heilsweissagungen in der prophetischen Tradition haben dieses Messiaskonzept ursprünglich noch nicht im Blick. Dem entspricht die Tatsache, dass das Jerusalemer Königtum in der Heilserwartung der hebräischen Heiligen Schriften zunächst noch keine bedeutende Rolle spielte.

Während der königlosen Zeit nach der Zerstörung des Salomonischen Tempels im Jahre 587/86 v. Chr. und während des babylonischen Exils verschmolz die Vorstellung vom besonderen Gottesverhältnis des »Gesalbten« Israels nach und nach mit der zunehmenden Idealisierung des vorbildlichen Königtums Davids und der davidischen Dynastie vor dem babylonischen Exil. Der gesalbte König aus dem Haus Davids wurde nun zum Gegenbild der aktuellen Welterfahrung und zum Gegenkonzept der tatsächlichen geschichtlichen Herrschaftsverhältnisse. Die Herrschaft Davids, der in der hebräischen Bibel als besonders gottgefälliger, gehorsamer, gerechter, weiser und toratreuer Regent gezeichnet wurde (vgl. 2. Sam 8,15), prägte gerade im nachexilischen Jerusalem, einer verarmten und machtlosen Provinzmetropole am Rande eines fremden Weltreiches, die Restaurationshoffnungen auf eine politische Wiederherstellung Israels und einen erneuten Aufstieg des davidischen Hauses zu einem ebenso mächtigen wie dauerhaften Königtum. König David wurde auch zum prägenden Vorbild eines endzeitlichen Idealherrschers über Israel. Derartig inspirierte nationale Heilshoffnungen waren zunächst innergeschichtlich gedacht und politisch motiviert. Sie verlagerten sich erst mit der Zeit (und wohl auch im Bewusstsein der tatsächlichen Machtverhältnisse, d.h. der eigenen politischen Schwäche) in eine zukünftige Epoche der Gerechtigkeit, des Friedens, der Fülle und der Freiheit. Hiermit einher ging die wachsende Überzeugung, dass letztendlich allein Gott selbst Rettung und Heil für sein bedrängtes Volk herbeizuführen vermag.

Die Verheißungen eines davidischen Königtums der Heilszeit mussten sich nicht unbedingt auf eine endzeitliche individuelle Herrschergestalt aus dem Geschlecht Davids beziehen. Vielmehr differenzierten sie sich zunehmend und wurden bald auch mit der Erwartung der zukünftigen Erneuerung des Volkes Israel und der Königsherrschaft Gottes selbst in Beziehung gesetzt. Daneben existierten auch priesterliche und prophetische Messiasvorstellungen. In dem Gedanken des gleichzeitigen Auftretens zweier Messiasgestalten als Erlöserfiguren, wie er z.B. in den Texten von Qumran begegnet (s.o. 65ff.), spiegelt sich wohl das Bedürfnis nach einer Trennung von weltlicher und geistlicher Gewalt wider. Auch im ersteren Fall verlagerte sich die traditionelle Auffassung von der uneingeschränkten göttlichen Legitimation des künftigen Königs weg von seiner politischen Machtausübung hin zu seiner Bedeutung als geistiger Führer Israels oder gar als reine Symbolgestalt. Sie verband sich dabei mit Vorstellungen von seiner Gottessohnschaft, von der Universalität seiner Herrschaft (insbesondere in ihrer richterlichen Funktion) und vom ewigen Bestand seiner Dynastie.

Die ältesten Spuren einer frühjüdischen königlichen Messiastradition, die die Verheißung des ewigen Bundes der davidischen Dynastie und die Vorstellung der Königssalbung als Akt göttlicher Erwählung miteinander verbindet, finden sich in den Psalmen Salomos (PsSal 17 u. 18). Das Verhältnis des königlichen Gesalbten zu Gott wird hier vor allem in den Kategorien der Ermächtigung und der Legitimation beschrieben. In der apokalyptischen Literatur des antiken Judentums begegnet der Messias durchweg als mächtiger Funktionsträger beim Anbruch der Gottesherrschaft, dessen Aufgaben vor allem in der (militärischen) Befreiung des Volkes aus der Hand gottfeindlicher Mächte, in einem vergeltenden Gerichtshandeln über Israel und die gesamte Menschheit und in der Restitution der als ursprünglich erachteten Machtposition des Gottesvolkes bestehen.

Die gottgewollte Herrschaft des Messias Israels wurde in der apokalyptischen Literatur entweder transzendentalisiert (z.B. Sib 3,741 ff.; syrBar 29) oder als irdisch und zeitlich befristet dargestellt (4. Esr 7). Die messianische Zeit galt nicht als integraler Bestandteil der kommenden Heilszeit, sondern als ihr nur unmittelbar vorausgehend. Sie markiert den äußersten Rand der Geschichte dieser Welt und gehört dennoch prinzipiell noch zum gegenwärtigen Äon. Der Hauptgrund für diese Begrenzung der Existenz und Funktion des Messias besteht darin, dass sich die Gestalt einer gesalbten eschatologischen Rettergestalt nicht mit der strengen Theozentrik der apokalyptischen Vorstellungswelt vertrug. Zudem widersprach die Idee des Wirkens eines Gesalbten aus der Dynastie Davids in der Geschichte eigentlich dem Hoffnungsbild des apokalyptischen Geschichtsverständnisses. Die christliche Vorstellung eines leidenden und sterbenden Messias (s.u. 88 ff.) ist mit dem Messiasbild der jüdischen Apokalyptik nicht kompatibel.

Literatur

Oegema, Gerbern S., Der Gesalbte und sein Volk (Schriften des IJD 2), Göttingen 1994.

Schreiber, Stefan, Gesalbter und König (BZNW 105), Berlin / New York 2000.

Apokalyptik und rabbinische Traditionsliteratur

»*Ganz Israel hat Anteil an der zukünftigen Welt, denn es wird gesagt: ›Und dein Volk sind alle Gerechte, für immer werden sie das Land besitzen als Spross meiner Pflanzung, als Werk meiner Hände, damit ich verherrlicht werde‹.*« Mischna Sanhedrin 10,1

Die Stellung des rabbinischen Judentums zur Apokalyptik ist differenziert zu betrachten. Einerseits ist zu erkennen, dass sich die jüdischen Gelehrten seit dem 2. Jh. n. Chr. nach drei gescheiterten jüdischen Aufständen gegen die imperiale Großmacht Rom von radikalen Eiferern und militanten messianisch inspirierten Strömungen abzugrenzen versuchten, indem sie gegen deren eschatologische Spekulationen und Endzeitberechnungen polemisierten. Weder wurde das apokalyptische Schrifttum in der rabbinischen Traditionsliteratur als literarische Gattung fortgeführt noch wurden die apokalyptischen Texte hellenistisch-jüdischer Provenienz hier abgeschrieben, übersetzt oder explizit zitiert. Typische literarische Merkmale von Apokalypsen wie die Pseudepigraphie oder die Schilderung ekstatischer Visionen wurden ausgeblendet und kommen in den Texten kaum vor. Auch die Tempelzerstörung wurde von den Rabbinen nicht in den Kategorien der apokalyptischen Vorstellungswelt gedeutet. Diese Beobachtungen entsprechen zunächst einer allgemeinen Tendenz innerhalb des Rabbinats, revolutionäre messianische Hoffnungen auf sofortige Erlösung zurückzudrängen.

In der älteren Forschung wurde dieser negative Befund als deutliches Anzeichen eines rigiden Traditionsbruchs im Sinne einer absichtlichen Diskontinuität (bzw. einer bewussten Abstoßung) zwischen der Apokalyptik und der rabbinischen Religion und Literatur interpretiert. Gegen einen solchen Traditionszusammenhang scheint in der Tat zu sprechen, dass sich die eschatologischen Themen in den rabbinischen Texten überwiegend auf ganz unspezifische Motive und Motivkomplexe wie »Messias«, »Endzeit« und »Erlösung« konzentrieren, ohne dass dabei auch die spezifische Vorstellungswelt und das Geschichtsverständnis der Apokalyptik rezipiert werden.

Andererseits enthält die rabbinische Literatur auch einige apokalyptische Traditionen. So übernahmen die Rabbinen die Vorstellungen von der allgemeinen Totenauferweckung, vom Endgericht über Gerechte und Sünder und vom dualistischen Gegensatz zwischen dieser und der kommenden Welt. In der Mischna und in der Tosefta begegnen Ansätze einer Periodisierung der determinierten und eschatologisch ausgerichteten Geschichte und auch eines heilsgeschichtlich konstruierten Dekadenzmodells (M Sota 9,15). Rezipiert wurden auch die Verknüpfung von Toraobservanz und Endgericht, das Interesse an kosmologischen Zusammenhängen, die typologische Beziehung von erfahrenem und erhofftem Heil und die aktualisierende Deutung der prophetischen Tradition. Hierbei lässt sich eine Konzentration der apokalyptischen Motive auf bestimmte Textzusammenhänge beobachten (z.B. M Sota 9; M Sanhedrin 10; T Sota 15). Gerade in den jüngeren Schichten der rabbinischen Traditionsliteratur zeigen sich auch gesamtgeschichtliche Deutungen und Applikationen der älteren apokalyptischen Tradition anlässlich aktueller Problemhorizonte bzw. Krisenzeiten.

Erst frühmittelalterliche jüdische Texte bezeugen eine gewisse Renaissance des apokalyptischen Schrifttums. Wiederholt begegnen hier Themenkomplexe der apokalyptischen Eschatologie wie die Vorstellung der himmlischen »Thronhallen« (*Hechalot*), das göttliche »Schöpfungswerk« (*Ma'ase Bereschit*) und die »Thronwagenvision« Ezechiels (*Ma'ase Merkavah*). Durchweg begegnet hier auch das Personal der endzeitlichen Heilsschilderungen in der »klassischen« Apokalyptik. Sowohl die Propheten der Endzeit (z.B. Elia, Henoch) als auch die Offenbarungsengel (z.B. Michael, Gabriel, Metatron) und messianische Gestalten (z.B. Messias ben Josef, Messias ben David) finden bei den jüdischen Gelehrten Erwähnung. Insbesondere in der Midraschliteratur begegnet apokalyptisches Traditionsgut. Dessen intendierte »Domestikation« bezeugt ein zusammenhängender Text aus dem babylonischen Talmud (b Baba Batra 73a-75b). In dieser phantastischen Reiseerzählung wird das visionäre Erlebnis des apokalyptischen Sehers der rabbinischen Auslegung der Tora als Quelle transzendenten Wissens untergeordnet. An die Stelle der apokalyptischen Prophetie, der Wortoffenbarung und der Pseudepigraphie war mittlerweile die autoritative Erhebung des Sinnüberschusses der Tora durch die Gelehrten selbst getreten. Die Annäherung an Gott geschah nun nicht mehr mittels einer ekstatischen Himmelsreise, sondern mittels der rabbinischen Exegese.

Die Vorstellung eines totalen Traditionsabbruchs der apokalyptischen Literatur der hellenistisch-römischen Zeit in der rabbinischen Traditionsliteratur lässt sich nicht halten. Keinesfalls mündete die jüdische Apokalyptik nur in die christliche Eschatologie (s.u. •••). Vielmehr hat die – in sich inhomogene – rabbinische Bewegung zentrale Aspekte der apokalyptischen Vorstellungswelt mehr oder weniger gekannt, übernommen und umgedeutet. Damit ist freilich nur ein Bruchteil der zahlreichen literarisch-geistigen Texte und Traditionen erfasst, aus dem die rabbinischen Gelehrten schöpften, denn die apokalyptische Bewegung gehörte im Judentum zu keiner Zeit zum religiösen Hauptstrom.

Übernommen wurde nicht die Gattung, sondern die Vorstellungswelt. Bei dieser Rezeption wurden die apokalyptischen Motive und Inhalte durchweg politisch neutralisiert und später – vor dem zweifachen offenbarungsgeschichtlichen Hintergrund des bereits fixierten Kanons heiliger Schriften für den gottesdienstlichen Gebrauch und der Überzeugung vom Ende der Prophetie seit Maleachi – zudem in ihrer Bedeutung relativiert. Und auch dort, wo die Rabbinen ihre Zukunftserwartungen mittels der apokalyptischen Tradition entfalteten, ging es ihnen wohl eher um die lebenspraktische ethische Relevanz dieser Traditionen in der Gegenwart als um die theoretische und systematisch reflektierte Explikation des erhofften Reiches Gottes in der Zukunft.

Apokalyptik und jüdische Mystik

> *»Der große, mächtige und furchtbare, großartige und starke Gott, der verhüllt ist vor den Augen aller Geschöpfe und verborgen vor den Dienstengeln, aber offenbar Rabbi Akiva durch das Werk der Merkavah, um seinen Wunsch zu erfüllen.«* Hechalot Zutarti § 421

In der Mystik kommt das fromme Bewusstsein einer unmittelbaren Gegenwart Gottes zum Ausdruck. Ihr Trägerkreis innerhalb des spätantiken und frühmittelalterlichen Judentums war offenbar eine elitäre und randständige Frömmigkeitsbewegung, deren Schnittmenge mit dem Rabbinat höchst umstritten ist. Als Quellen der jüdischen Mystik dieser Epochen können sowohl das apokalyptische Schrifttum als auch die kosmogonischen Überlieferungen und mystischen Traditionen der älteren Rabbinen sowie zahlreiche (mit gnostisch-dualistischen Lehren verbundene und zum Teil durch die islamische Mystik des Sufismus vermittelte) Elemente der neuplatonischen Philosophie gelten.

Die seit dem 4. bis 6. Jh. entstandene *Hechalotliteratur* (von hebr. »*Hechal*«, übersetzt »Halle« [im himmlischen Palast bzw. Tempel]) gilt als die erste vollentwickelte Erscheinungsform der jüdischen Mystik. Sie enthält Stücke, die man durchaus mit der traditionellen apokalyptischen Literatur in Beziehung setzen kann, ebenso begegnen Schlüsselbegriffe der apokalyptischen Vorstellungswelt. Die formal und inhaltlich höchst heterogenen und zum Teil nur fragmentarisch erhaltenen Hechalottexte knüpfen an Motive aus kulttheologischer Tradition an, insbesondere an das Motiv des göttlichen Thronwagens (*Merkavah*) in Ez 1. Sie enthalten Schilderungen des Aufstiegs ihres Protagonisten zum himmlischen Tempel sowie Beschreibungen seines Weges durch die himmlischen Hallen des göttlichen Palastes, in dessen erhabener Mitte Gott selbst als überdimensionale anthropomorphe Königsgestalt thront. Der Mystiker der Hechalottexte nimmt an der himmlischen Liturgie der Engel vor dem Gottesthron teil und erhält im höchsten Himmel auch einen Einblick in das zukünftige Geschick des Volkes Israel. Ein weiteres bedeutendes Dokument dieser frühen esoterischen Tradition im Judentum ist der *Sefer Jezira*. Die zwar bereits im 3. bis 6. Jh. in Palästina entstandene, aber erst im frühen 10. Jh. erstmals handschriftlich belegte mystischspekulative Schrift enthält eine an Gen 1 anknüpfende Darstellung der Entstehung und des Aufbaus der Welt mittels der zehn Grundzahlen und der 22 Buchstaben des hebräischen Alphabets.

Die Mystik und die Apokalyptik haben einige Gemeinsamkeiten. Beide teilen das Interesse an der Zukunft und am Wohlergehen der jüdischen Gemeinde. Ebenso liegt beiden Denksystemen die Vorstellung zugrunde, dass Gott außerhalb dieser Welt und außerhalb der Geschichte stets anwesend ist und bleibt und dass er sich um sein Volk kümmert. Ebenso wie bereits die Apokalyptik beharrt auch die Mystik selbst im Angesicht von Not und Bedrückung auf Gottes ungebrochener Liebe zu seinem Volk. Gerade den Makroformen der Hechalotliteratur ist anzumerken, dass im Verlauf ihrer Überlieferung immer wieder auch traditionelle apokalyptische Stoffe eingefügt wurden.

Eine Reihe gravierender Differenzen zwischen Apokalyptik und Mystik deutet hingegen darauf hin, dass die beiden Systeme wohl nicht in einer genetischen Beziehung stehen. Während als apokalyptische Visionäre die Helden der Vorzeit oder Propheten begegnen, treten als Protagonisten der mystischen Himmelsreisen durchweg berühmte rabbinische Autoritäten in Erscheinung. In der apokalyptischen Literatur ist oft davon die Rede, dass der Seher von Gott in den Himmel gerufen oder von einem Engel begleitet wird. Die Himmelsreisen in der Hechalotliteratur werden hingegen von den Mystikern auf eigene Initiative hin unternommen. Der Apokalyptiker hofft auf eine heilvolle Zukunft und die Restitution des Kultes im neuen Tempel im Reich Gottes. Für den Mystiker indes ist diese Restitutionshoffnung eigentlich überflüssig, denn sowohl das Heil als auch der Kult sind für ihn im himmlischen Tempel bereits gegenwärtig und wirkmächtig. Die dem apokalyptischen Seher geoffenbarten Inhalte sind Objekte seiner Erkenntnis über die Zustände und Vorgänge in der transzendenten Welt und in der Zukunft. Die Erfahrungen des Mystikers betonen die kultische Dimension der Gottesbegegnung, bestehen in seiner unmittelbaren Einbeziehung in diese Zustände und Vorgänge und bewirken seine existenziale Verwandlung. In seiner eigenen Teilnahme an der liturgischen Gemeinschaft mit den Engeln verwirklichen sich für ihn und seine Adressaten zugleich die Realität und die Aktualität des Heils und der Erlösung.

Literatur

Schäfer, Peter, Der Ursprung der jüdischen Mystik, Berlin 2011.

6

Die Apokalyptik und das frühe Christentum

Die Apokalyptik ist eine wichtige traditionsgeschichtliche Brücke zwischen dem Judentum und dem Christentum. Sie ist zugleich ein prägender Faktor der neutestamentlichen Schriften. Ohne eine Bezugnahme auf die jüdische Apokalyptik lassen sich weder die Jesusbewegung noch das frühe Christentum umfassend verstehen. Jedoch geht das Christentum keinesfalls in der Apokalyptik auf. Wesentliche Elemente des apokalyptischen Zeichen- und Symbolsystems wurden im Christentum aufgegriffen, transformiert und zur Basis eines eigenständigen und leistungsfähigen religiösen Systems. Christliche Apokalyptik zeichnet sich durch die Hoffnung auf eine bessere Zukunft aus. Der entscheidende Unterschied zwischen der frühchristlichen und der jüdischen Apokalyptik besteht jedoch darin, dass im Christentum die entscheidende Wende zum Heil nicht als zukünftiges bzw. außergeschichtliches Hoffnungsgut, sondern als bereits stattgefundenes bzw. geschichtliches Impulsereignis betrachtet wurde. Die weitere christliche Bekenntnisbildung bis in die Gegenwart hinein beruht auf dieser grundlegenden Transformation. Hiervon völlig unabhängig diente das Mentalitätsphänomen »Apokalyptik« in der Geschichte des Christentums immer wieder dazu, konkrete Krisensituationen mittels endzeitlicher Szenarien zu deuten und zu bewältigen.

Das frühe Christentum hat wesentliche Traditionen, Formen und Stoffe aus dem vielgestaltigen antiken Judentum übernommen. Die christliche Bekenntnisbildung rezipierte Formen und Inhalte des jüdischen apokalyptischen Schrifttums; die christliche Literatur schrieb ihr komplexes eschatologisches Symbolsystem fort. Die Heilsbedeutung des schöpferischen Offenbarungshandelns Gottes im Christusgeschehen wurde mittels der Eschatologie der jüdischen Tradition – nämlich der biblischen Prophetie, der Weisheit und der Apokalyptik – entfaltet und begreifbar gemacht. Gerade die Zukunftshoffnungen des Neuen Testaments speisten sich aus den – nun als christliche Offenbarungsquelle betrachteten – prophetischen Überlieferungen der hebräischen Heiligen Schriften (z.B. Jes 7; Dan 12) und ihrer Fortschreibung und Deutung in der jüdischen apokalyptischen Literatur. Dabei begegnen durchweg traditionelle jüdische Zukunfts- und Gegenwartsaussagen, insbesondere über das kommende bzw. anbrechende Reich Gottes. Apokalyptische Texte und Traditionen sind deshalb ein wichtiger Hintergrund für das umfassende Verständnis der frühchristlichen Religion.

Die – zu den Grundlagen des frühchristlichen Glaubens gehörende – Erwartung des nahen Endes der Welt und die im Glauben an die Auferstehung Jesu aus Nazareth begründete Verheißung einer allgemeinen Auferstehung der Toten als Voraussetzung eines vergeltenden Endgerichts nahmen zentrale apokalyptische Motive auf. Bereits der urchristliche Osterglaube beruht auf Grunderfahrungen im Erscheinungsmodus der Vision. Die Präsenz des totgeglaubten Jesus in visionären Erscheinungen seiner Anhänger, wie sie die Liste in 1. Kor 15,3 ff. aufzählt und wie sie sich in den (sekundären und apologetisch motivierten) Erscheinungsberichten der Evangelien widerspiegeln (Mt 28; Lk 24; Joh 20 f.; vgl. Mk 16,9-20), löste den Glauben an die Auferweckung Jesu als eschatologische Machttat Gottes aus. Diese österlichen Erscheinungen des Auferstandenen wurden von den ersten Christen mit Hilfe traditioneller apokalyptischer Vorstellungen und Bilder als das entscheidende und endgültige Zeichen der anbrechenden Endzeit und im eschatologischen Horizont einer zu erwartenden allgemeinen Totenerweckung gedeutet (1. Kor 15,20).

Die ersten Christen, allesamt Angehörige der vorösterlichen Jesusbewegung, bekannten den gekreuzigten und durch Gott von den Toten auferweckten Jesus als den in eine himmlische Machtstellung zur Rechten Gottes erhöhten und zum Endgericht wiederkommenden Christus bzw. Messias Israels (vgl. Apg 2,36). Die Parusie, die endzeitliche Wiederkunft Christi als messianischer Herrscher, und Gottes eigenes Handeln durch die Aufrichtung seiner Königsherrschaft wurden von ihnen zunächst in unmittelbarer Zukunft bzw. noch zu ihren Lebzeiten erwartet (vgl. 1. Thess 1,9 f.; 4,15).

Angesichts des Ausbleibens dieser Endereignisse wich die angespannte eschatologische Naherwartung im Laufe der folgenden Jahrzehnte mehrheitlich einer Art Stetserwartung (vgl. Lk 21,36). Zugleich musste das in der jüdischen apokalyptischen Literatur verbreitete politisch-national bestimmte Bild vom kriegerischen Messias Israels (s. o. 81 ff.) mit der Tatsache des Leidens und Sterbens Jesu in Einklang gebracht werden. Diese Transformation tradierter Endzeiterwartungen angesichts der durch die Kreuzigung Jesu ausgelösten Krise innerhalb der Jesusbewegung mündete in die verbreitete Überzeugung von der Heilsbedeutung von Kreuz und Auferstehung als einem gehorsamen stellvertretenden Sühnopfer und als Zeichen der Gnade und Gerechtigkeit Gottes (s. u. 91).

Die ersten Christen hofften auf ihre endzeitliche Erlösung als die von Gott exklusiv erwählte Gemeinde. Sie waren davon überzeugt, dass Gott den Gerechten, also ihnen selbst, neues Leben schenkt. Sie lebten in der enthusiastischen Überzeugung, angesichts der nahen Zeit des Weltgerichts in exklusiver Weise das wahre Gottesvolk Israel der Endzeit zu repräsentieren, das allein aus dem drohenden allgemeinen Zorngericht Gottes herausgenommen und verschont wird. Begabungen wie die Kraft zur Heilung von Kranken und die Macht über alle gottfeindlichen Mächte – von der traditionellen jüdischen Apokalyptik als Zeichen des gegenwärtig bereits anbrechenden Weltendes erwartet – wurden in diesen Gemeinden als bereits gegenwärtig verwirklicht geglaubt und von christlichen Autoren später auch in der Jesustradition verankert. Die Erwartung des nahe bevorstehenden Kommens der Gottesherrschaft führte zudem nicht nur dazu, dass manche Christen die gegenwärtige Erfüllung materieller Bedürfnisse oder die Gründung einer Familie als sinnlos betrachteten, sondern bedingte anfangs auch den Statusverzicht und die Relativierung bzw. Aufhebung der herkömmlichen hierarchischen Strukturen innerhalb der endzeitlichen Solidargemeinschaft. In immer stärkerem Maß wurden dabei auch die (im Judentum und in der hellenistisch-römischen Welt üblichen) Grenzen zwischen Innen- und Außengruppen überschritten. Der soziale Status der Christen bedingte nicht mehr ihren Umgang miteinander. Diese soziale Distanzverringerung wirkte sich auch darin aus, dass Frauen in den frühchristlichen Gemeinden – inmitten einer von patriarchalen Strukturen geprägten antiken Gesellschaft – zunächst wichtige Positionen einnehmen konnten.

Das frühe Christentum weist in religionssoziologischer Sicht durchaus deutliche Parallelen zur jüdischen Apokalyptik auf. Dennoch ist die Behauptung einer ungebrochenen Kontinuität zwischen der Apokalyptik und dem christlichem Glauben oder gar die pauschalisierende Bezeichnung der Apokalyptik als »Mutter aller christlichen Theologie« (so der evangelische Theologe Ernst Käsemann) unzutreffend. Der christliche Glaube ist keinesfalls nur eine besondere Ausprägung der apokalyptischen Vorstellungswelt. Die wichtigste Differenz zwischen dem frühchristlichen Kerygma und der jüdischen Apokalyptik besteht nämlich in der christlichen Annahme des Wirkens Gottes in der Welt und in der Geschichte. Zwar wurde das Auferstehungsgeschehen – in Entsprechung zu apokalyptischen Vorstellungen – auch im Christentum als ein den gesamten Kosmos betreffendes und bereits vor der Weltschöpfung beschlossenes Ereignis gedeutet, aber der mit ihm sich ereignende Heilsanbruch wurde von Anfang an als ein *vergangenes* Ereignis in *dieser*

Welt betrachtet, das seinerseits die Gegenwart prägt und die Zukunft definiert. Diese Zukunftshoffnung der ersten christlichen Gemeinden setzte weder den totalen Zusammenbruch der bestehenden Welt voraus noch unterschied sie in dualistischer Weise zwischen der heillosen Geschichte und Gegenwart und der exklusiven Heilsverwirklichung im transzendenten bzw. außergeschichtlichen Reich Gottes. Vielmehr postulierte sie die fundamentale Bedeutung der Auferweckung Jesu als heilstiftendes christliches Impulsereignis *in* Raum und Zeit.

Auch nach der Auferweckung Jesu lief die Geschichte weiter, aber die Zeit galt von nun an als neu qualifiziert und neu strukturiert. Indem das Christusgeschehen als endzeitliches Handeln Gottes interpretiert wurde, wurde auch die christliche Gemeinde in der Welt zum Ort der Heilsgegenwart. Als »erinnernde Hoffnung« bzw. »hoffende Erinnerung« erwartete der christliche Glaube fortan die Vollendung des Heils, das in dem in Kreuz und Auferstehung schon geschehenen Heilsgeschehen gründet. Bestimmend und kennzeichnend für die frühe christliche Apokalyptik war also das *»schon jetzt«* des Heilshandelns Gottes. In diesem Punkt besonders deutlich zu erkennen ist die Spannung zur Weltdeutung und zur Eschatologie der jüdischen Apokalyptik. Unbeschadet aller Anfeindung und Verfolgung der Gemeinden gilt bereits die gegenwärtige Welt im frühchristlichen Denken als Ort der Heilserfahrung. Die Geschichte ist kein Ort der prinzipiellen Gottlosigkeit und Heillosigkeit mehr. Der christliche Glaube gründet also nicht nur allein in der Hoffnung auf das kommende Reich Gottes, sondern zugleich auch in der Erinnerung an die geschichtliche Wirklichkeit des Heils.

Überall dort, wo die frühchristliche Literatur Themen und Traditionen der jüdischen Apokalyptik aufgegriffen, weitergeführt und mit paganen hellenistisch-römischen Traditionen verknüpft hat, blieb diese zweifache Grundlegung stets der normative Rahmen des christlichen Bekenntnisses und seiner Explikation. Zusammenfassend ist festzuhalten, dass das frühchristliche Kerygma *auch* mittels der apokalyptischen Vorstellungswelt gedeutet und formuliert wurde. Zahlreiche apokalyptische literarische Traditionen erfuhren dabei eine neue Kontextualisierung und Interpretation vom Christusgeschehen her. Jedoch können die Endzeiterwartungen der apokalyptischen Literatur aufgrund ihrer Divergenz keinesfalls als der eigentliche Deutungsschlüssel der christlichen Eschatologie gelten.

Apokalyptik im Neuen Testament

Die Auferstehung des gekreuzigten Jesus aus Nazareth bedeutete für die verbleibenden Jünger Jesu eine nachträgliche Bestätigung und Vergewisserung seiner öffentlichen Verkündigung, insbesondere hinsichtlich ihres zentralen apokalyptisch-eschatologischen Inhalts, des Anbrechens des Reiches Gottes (s. u. 94 f.). Der eschatische Akt der Auferweckung Jesu durch Gott und seiner Erhebung in eine himmlische Machtposition wurde als einmalige und unerhörte göttliche Rechtfertigung seiner Person und seiner Botschaft und zugleich als der Anfang einer allgemeinen Totenerweckung betrachtet. Die Verkündigung dieser Heilstat Gottes schloss sukzessive auch die Person und das gesamte Leben, Reden und Handeln des Gekreuzigten mit ein.

Grundgedanken und Stilelemente der apokalyptischen Eschatologie haben im Neuen Testament keine Eigenbedeutung, sondern sie werden zumeist instrumentalisiert, um der eigenen Theologie, der Christologie und der Soteriologie Ausdruck zu verleihen. Die christliche Botschaft bot nun in Jesus Christus einen von Gott unterschiedenen, jedoch von ihm legitimierten Retter vor dem erwarteten Zorngericht Gottes auf. Als Themen und Problemhorizonte, in denen apokalyptische Traditionen und Motive gehäuft begegnen, sind zu nennen: die Erwartung der baldigen Parusie (1. Thess 4; 1. Kor 15), die aktuelle Bedrängungs- und Verfolgungserfahrung von Christen (Mk 13; Apk; 2. Thess 1) sowie der drohende Abfall eines Teils der Gemeinde von Glaubensinhalten und Verhaltensweisen, die von den frühchristlichen Autoren als allgemein verbindlich erachtet wurden (Joh 5; 2. Thess 2; Eph 3; 1. Joh 4; Hebr 12). Der jüdischen Apokalyptik entlehnte Rollen und Hoheitstitel wurden auch auf die erinnerte Person Jesus aus Nazareth übertragen, und er selbst wurde zum Gegenstand der christlichen Verkündigung. Das Christusbekenntnis wurde seinerseits zum eigentlichen Maßstab der christlichen Rezeption der jüdischen apokalyptischen Literatur. Auch der begründende Rekurs auf »messianische« Stellen in der hebräischen Bibel durch die neutestamentlichen Autoren setzt in deren Auswahl und Kontextualisierung einen eigenständigen christologisch begründeten Deutungsrahmen voraus.

Unbeschadet dieser Aufnahme apokalyptischen Gedankenguts, die sich mehr oder minder deutlich ausgeprägt bei sämtlichen neutestamentlichen Autoren findet, lassen sich nur erstaunlich wenige neutestamentliche Texte hinsichtlich ihrer Form und Funktion eindeutig der Textsorte »Apokalypse« zuordnen. So ordnet ein – zugegebenermaßen minimalistischer – Standpunkt in der gegenwärtigen Apokalyptikforschung hier neben der Offenbarung des Johannes, in der die apokalyptische Vorstellungs- und Bilderwelt durchweg intensiv rezipiert wird, nur zwei kurze Abschnitte in der paulinischen Briefliteratur diesem literarischen Genre zu (1. Kor 15,5 f.; Röm 11,25-26a).

Jesus aus Nazareth und die Apokalyptik

»*Nachdem aber Johannes gefangen gesetzt war, kam Jesus nach Galiläa und predigte das Evangelium Gottes und sprach: Die Zeit ist erfüllt, und das Reich Gottes ist herbeigekommen. Tut Buße und glaubt an das Evangelium!*« Mk 1,14 f.

Der Jude Jesus aus der galiläischen Stadt Nazareth ließ sich von dem jüdischen Bußprediger Johannes im Jordan taufen (Mk 1,9-11parr.). Johannes der Täufer verstand die von ihm (offenbar im Bewusstsein seiner prophetischen Beauftragung) durchgeführte Zeichenhandlung der Wassertaufe im Jordan als Verwirklichung des einmaligen Gnadenangebotes Gottes und als allerletzte Möglichkeit, dem bestehenden Unheils-Gerichts-Zusammenhang individuell zu entgehen. Es ist anzunehmen, dass der getaufte Jesus auch die theologischen Voraussetzungen der Johannestaufe teilte. Als solche Voraussetzungen sind zu nennen:

1) ein apokalyptisch radikalisiertes deuteronomistisches Geschichtsbild,
2) die Vorstellung einer allgemeinen schuldhaften Unheilssituation Israels,
3) die apodiktische Ankündigung eines hierdurch veranlassten – und unmittelbar bevorstehenden – endzeitlichen Einschreitens Gottes vom Himmel her und seines Vergeltungsgerichtes über die sündige Welt und
4) die Betonung der prinzipiellen Unmöglichkeit einer Berufung auf ein früheres Erwählungshandeln Gottes.

Jesus aus Nazareth war sicher kein unapokalyptischer Weisheitsprediger oder philosophischer Lehrer, der »zeitlose« Wahrheiten verkündete. Vielmehr waren seine Verkündigung und sein Wirken von den ihn umgebenden wirtschaftlich-sozialen Verhältnissen, von dem ihn prägenden religiösen und kulturellen Umfeld und damit eben auch von der jüdischen Apokalyptik beeinflusst. Ebenso wie Johannes der Täufer ging auch Jesus offenbar von der Notwendigkeit zur individuellen Umkehr aus, von der niemand ausgenommen wird. Ebenso wie dieser verkündete er ein künftiges Gottesgericht, übte zugleich scharfe Kritik an geistlichen und weltlichen Autoritäten und griff dabei nie über den jüdischen Volksgedanken hinaus. Während die gegenwärtige Welt dabei als rundherum vom Bösen gezeichnet galt, wurde Gottes unbedingter Wille zum Guten mit seinem nahen Kommen verknüpft. Ebenso zeigt sich in den Einlassworten (Mk 9, 43 ff. u. ö.), den Terminworten (Mk 9,1 u. ö.) und den Abendmahlsworten Jesu (Mk 14,25) eine deutliche Ausrichtung seiner Heils- und Unheilsbotschaft auf eine chronologische Zukunft als Bestandteil einer linear gedachten Zeitachse, wobei die Gottesherrschaft nicht als Folge der Menschheitsgeschichte erscheint, sondern außergeschichtlich von der Zukunft her auf diese zuläuft (vgl. Mt 11,12 f.). Zwischen der apokalyptischen Gerichtspredigt Johannes des Täufers und der Verkündigung Jesu besteht also eine grundlegende Kontinuität. Bei aller Vorsicht hinsichtlich der Rekonstruierbarkeit der Wortverkündigung Jesu scheint hinreichend deutlich, dass auch im Mittelpunkt seines öffentlichen Auftretens die Botschaft vom kommenden Äon, d.h. von der bereits gegenwärtig anbrechenden, konkret erfahrbaren und zugleich auf ihre Vollendung zulaufenden Königsherrschaft Gottes als einmaligem zukünftigem Geschehen stand (vgl. Mt 6,10). Mit dieser – durchweg auch von weiteren zeitgenössischen apokalyptischen Traditionen und Vorstellungen geprägten – Botschaft Jesu waren nach Auskunft der Evangelientradition eine theokratische Grundhaltung und eine Intensivierung sowohl des jüdischen Monotheismus als auch der Ethik verbunden. In beiden Punkten kam die geforderte Annahme der von Gott neu geschaffenen Heilswirklichkeit für Israel zum Ausdruck.

Im Gegensatz zu den Gerichtsaussagen Johannes des Täufers im Rahmen der jüdischen Apokalyptik bedeutete dies nicht die Ankündigung der Vernichtung der gegenwärtigen Welt, sondern die Erfassbarkeit des bereits begonnenen dynamischen Prozesses ihrer Verwandlung (vgl. die Gleichnisse vom Wachstum, z.B. Mk 4,30-32). Auch standen Gericht und Umkehr bei Jesus aus Nazareth in einem besonderen konditionalen Verhältnis. Der Gerichtsgedanke wurde nämlich nicht spekulativ und bildreich entfaltet, sondern dahingehend auf die Situation des exklusiven Heilsangebotes zugespitzt, dass die geforderte Umkehr in der Annahme des von Gott zugesprochenen (und bereits in der Gegenwart vorbehaltlos verwirklichten) Heils für Gesamtisrael besteht. Das angedrohte Gericht bzw. die ihm folgende Bestrafung wurden ihrerseits zu den Folgen der ablehnenden Zurückweisung dieses Heils erklärt (vgl. Lk 13). Gott selbst qualifiziert also das Unheilskollektiv Israel in einem unerhörten schöpferischen Akt zu einem Heilskollektiv, und das Böse wird nunmehr für Israel überwindbar, doch erst die tätige Annahme dieses Heils ermöglicht eine Erneuerung seiner Gottesbeziehung.

Die hierdurch begründete Scheidung zwischen Gerechten und Sündern ging durch die jüdische Gemeinde hindurch, bot also keine Heilssicherheit aufgrund der bloßen Zugehörigkeit zum Gottesvolk. Sie bedeutete vielmehr die unbedingte Notwendigkeit, sich Jesus anzuschließen und sich vollständig auf die geforderte Lebensweise seiner Nachfolgegemeinschaft einzulassen, um vor dem drohenden Vergeltungshandeln Gottes bewahrt zu werden. Dabei standen sich in der Jesustradition als zwei entgegengesetzte Tendenzen die Relativierung der kultisch-rituellen Toragebote und die Verschärfung eines universalen Ethos gegenüber.

Die Jesusüberlieferung der Evangelien enthält sowohl präsentische als auch futurische Aussagen über die Königsherrschaft Gottes. Die rekonstruierbare Verkündigung Jesu setzte die apokalyptisch-eschatologischen Erwartungen seiner Adressaten mit ihrer Gegenwart in Beziehung und transformierte diese Erwartungen zugleich, indem sein ethischer Imperativ nicht den restriktiven Gerichtsgedanken betonte, sondern den erlösenden Aspekt des anbrechenden – und an seine eigene Person gebundenen – göttlichen Heilswerks als zugleich geschichtssprengenden und die Geschichte qualifizierenden Finalgeschehens.

Was genau diese Gottesherrschaft als umfassender und zentraler Heilsbegriff bedeutet, wurde nirgendwo in der weisheitlich geprägten Wortverkündigung Jesu explizit erklärt. Es realisierte sich jedoch in eindrücklicher und verständlicher Weise in seinen Taten. Die in den Evangelien als zentrale Aspekte seines öffentlichen Wirkens dargestellten Krankenheilungen und Exorzismen konnten im zeitgenössischen palästinischen Judentum durchaus als endzeitliche Begabungen bzw. als sichtbare Zeichen der bereits im Anbruch befindlichen Gottesherrschaft verstanden werden (vgl. Jes 29,18). Auch die Einsetzung des Zwölferkreises (vgl. Mk 3,13-19) als Entsprechung der zwölf Stämme Israels bzw. des idealen, da vollständigen Gottesvolkes der Endzeit (tatsächlich existierten zur Zeit Jesu aus Nazareth nur noch die beiden Stämme Benjamin und Juda) und die Ausstattung des Kreises mit Vollmacht weisen auf diese Deutungsmöglichkeit hin.

Die Mahlgemeinschaften Jesu mit sozial Ausgestoßenen bzw. mit Menschen, die als gesellschaftlich, moralisch oder körperlich defizient galten (z. B. Lk 19,1-10), formulierten in der Aufhebung geltender gesellschaftlicher Schranken und in der gleichzeitigen Reintegration marginalisierter Gruppen die zeichenhafte kontrapräsentische Realisierung sozial gerechter Verhältnisse. Sie dienten damit zugleich als präsentische Vorwegnahme eines zentralen symbolischen Aspekts der dem Endgericht folgenden Zeit des Heils und der Fülle, nämlich einer erhofften endzeitlichen Freudenmahlzeit im Reich Gottes. Erwägenswert ist schließlich auch die Überlegung, Jesus habe letztendlich durch seinen eigenen Tod den Anbruch der Gottesherrschaft erst bewirken wollen.

Die Identifikation mit der apokalyptisch-eschatologischen Gestalt des Messias Israels ist erst im Ostergeschehen begründet (s. o. 88 ff.). Diese apokalyptisch bestimmte Deutung Jesu hat freilich einen vorösterlichen Anhalt, denn obwohl seine Verkündigung weder die Ankündigung einer Restitution vergangener Machtverhältnisse enthielt noch einen national-politischen Akzent aufwies, wurde Jesus offenbar bereits zur Zeit seines öffentlichen Wirkens mit solchen Messiaserwartungen konfrontiert. Der Kreuzestitel »König der Juden« (Mk 15,26) deutet jedenfalls darauf hin, dass er als gescheiterter Messiasprätendent hingerichtet wurde.

Weder die erinnerte Person noch die Botschaft Jesu aus Nazareth sind ohne Berücksichtigung der jüdischen Apokalyptik hinreichend zu verstehen. Deshalb wäre es verfehlt, seine Verkündigung der anbrechenden Königsherrschaft Gottes von der jüdischen Apokalyptik als vermeintlich partikularistischer und mythischer Vorstellungswelt zu distanzieren. Ebenso wäre es verfehlt, beides zu trennen, um Jesus vor der Apokalyptik zu »retten« bzw. um einen »vernünftigen« Jesus zu schaffen, der anschlussfähig an die Interessen und Bedürfnisse gegenwärtiger Theologie und Kirche ist.

Literatur

Frey, Jörg, Die Apokalyptik als Herausforderung der neutestamentlichen Wissenschaft. Zum Problem: Jesus und die Apokalyptik, in: Becker, Michael / Öhler, Markus (Hg.), Apokalyptik als Herausforderung neutestamentlicher Theologie (WUNT II 214), Tübingen 2006, 23–94.

Apokalyptik in den paulinischen Sendschreiben

> *»Denn sie selbst berichten von uns, welchen Eingang wir bei euch gefunden haben und wie ihr euch bekehrt habt zu Gott von den Abgöttern, zu dienen dem lebendigen und wahren Gott und zu warten auf seinen Sohn vom Himmel, den er auferweckt hat von den Toten, Jesus, der uns von dem zukünftigen Zorn errettet.«* 1. Thess 1,9 f.

Der dem schriftgelehrten pharisäischen Judentum entstammende Apostel Paulus lässt sich zwar nicht direkt mit der apokalyptischen Bewegung verbinden, aber er hat in seinen Briefen auch Grundgedanken der apokalyptischen Vorstellungswelt und ihrer literarischen Entfaltung aufgenommen. Zum einen hat er diese Gedanken christologisch begründet modifiziert und situationsbedingt weitergeführt, zum anderen das christliche Kerygma mittels apokalyptischer Kategorien und Bilder interpretiert und entfaltet, ohne sie jedoch in längeren geschlossenen Ausführungen systematisch miteinander zu verbinden oder gar zu einem selbständigen Thema seiner Korrespondenz zu machen. Die eigentliche Grundlage all seiner – in seinen Briefen jeweils punktuell gebrauchten und situativ bedingten – apokalyptisch-eschatologischen Aussagen ist der christliche Osterglaube; ihr Horizont ist zugleich die Erwartung der baldigen Wiederkunft Christi zum Endgericht.

Paulus nutzte in seiner Korrespondenz immer wieder apokalyptische Themen, Begriffe und Vorstellungen, um gegenüber den Adressaten seiner Briefe die mit dem Christusereignis eingetretene Heilswende in illustrativer Weise zu beschreiben. So bedient er sich im *1. Thessalonicherbrief* – der ältesten neutestamentlichen Schrift – der verfremdeten apokalyptischen Tradition, um die kosmische Dimension von Kreuz und Auferweckung Jesu zu betonen. Paulus steht hier vor der höchst problematischen Frage, wie man angesichts des nahen Zorngerichtes Gottes über die gesamte Menschheit überhaupt noch gerettet werden kann. Er beantwortet sie, indem er Tod und Auferstehung Jesu Christi als Basis einer neuen Bestimmung des Menschen versteht. Die von Paulus im 1. Thess 1,9 f. aufgegriffene Überlieferung, das sogenannte »heidenchristliche Missionskerygma«, verbindet dementsprechend die Hoffnung auf ein Bestehen der erwählten christlichen Gemeinde im Endgericht mit der begründenden Erinnerung an die Auferweckung Jesu als modellhaftem Handeln Gottes in seiner Schöpfermacht. Es geht hier ebenfalls um die gegenwärtige Herausnahme der Christen aus dem – eigentlich unentrinnbaren – allgemeinen Unheilszustand dieser Welt und um die Grundlage der zukünftigen Erlangung des endzeitlichen Heils.

Auch in 1. Thess 4,13 ff. versteht Paulus die apokalyptisch-eschatologische Zukunftshoffnung als Explikation des christlichen Kerygmas, ohne dass dieser Text hinsichtlich seiner Form und Funktion als apokalyptische Schrift bezeichnet werden muss. Durchweg fehlen hier Beschreibungen des Verlaufs der vergangenen oder zukünftigen Weltgeschichte, Schilderungen kosmischer Kämpfe und Katastrophen oder bildreiche Spekulationen über den Weltuntergang. Der Heidenapostel nimmt hier jedoch traditionelle apokalyptisch-eschatologische Motive wie den Ruf des Erzengels, das Zorngericht über die Gottlosen, die Posaune Gottes, die Entrückung der Geheiligten und vor allem die Auferstehung der Toten am Ende der Tage auf. Die Pragmatik des Brieftextes besteht in der paränetischen Ermahnung seiner Adressaten. Die Gewissheit ihrer heilvollen Zukunft (deren genaue Terminierung Paulus indes ablehnt) soll auch die Gegenwart der Gemeinde bestimmen, bereits in dieser Gegenwart Orientierung stiften und die Thessalonicher zu einem Leben als »Kinder des Lichts« motivieren (1. Thess 5,1-11). Das apokalyptische Motiv des Dualismus wird dabei von der kontrastierenden Gegenüberstellung der Weltzeitalter auf die innergeschichtliche Erwählungs- und Entscheidungssituation in der Gegenwart verlagert.

In ähnlicher Weise wird die christliche Existenz in der Spannung zwischen der bereits geschehenen Versöhnung mit Gott und der erhofften endgültigen Erlösung im *1. Korintherbrief* thematisiert. Hier versteht Paulus die Gegenwart als grundlegend geprägt von der heilvollen Zukunft, die bereits mit Kreuz und Auferstehung Jesu Christi begonnen hat und nur hier sichtbar ist (1. Kor 6,14). Auch im 1. Korintherbrief begegnen apokalyptische Motive wie der Gerichtsgedanke (1. Kor 3,1 ff.; 6,2), die Äonenlehre (1. Kor 10,11) oder eine transzendente Gegenwelt (1. Kor 13,12). Ein zentrales Element der paulinischen Zukunftserwartung ist die in 1. Kor 15 ausführlich behandelte Totenauferstehung. Gegenüber dem enthusiastischen Heilsverständnis seiner Adressaten, die offenkundig die leibliche Auferstehung der Toten bestreiten, versucht Paulus hier – ausgehend von Tod und Auferweckung Jesu – eine seines Erachtens verfehlte Gegenwartseschatologie zu korrigieren, indem er die zukünftige Dimension des Heils akzentuiert und es zugleich in der Christologie verankert.

In 1. Kor 15,20-23 betont Paulus den unauflösbaren Zusammenhang zwischen der prototypischen Auferweckung Jesu Christi und der Auferstehung der zu ihm gehörenden Getauften und Glaubenden. Zugleich spricht er auch von einem kommenden Vernichtungsgericht über alle gottfeindlichen Mächte durch den erhöhten Christus. Die Frage nach dem »wie« dieser Auferstehung beantwortet er, indem er mit Hilfe des Bildmotivs des individuellen »Bekleidetwerdens« auf die Notwendigkeit einer grundsätzlichen und vollständigen Umgestaltung des ganzen vergänglichen Menschen als Bedingung seines neuen unvergänglichen Seins hinweist (1. Kor 15,54). Im *2. Korintherbrief* führt Paulus diesen Gedanken weiter aus. Hier schreibt er von der erhofften Bewahrung der Christen, die bereits in der heillosen Gegenwart den Geist Gottes als »Anzahlung« auf das künftige Heil in ihren Herzen haben, die bei ihrer Auferstehung mit einem völlig neuen Leib überkleidet werden, die das Endgericht Gottes nicht fürchten müssen und die schließlich Teil der neuen Schöpfung sein werden (2. Kor 5,1-17). Aufgenommen wird hier (wie auch in Gal 1,4; 4,4) die Vorstellung von zwei einander ablösenden Weltzeiten (2. Kor 4,4). Jedoch ist die entscheidende Zeitenwende für Paulus in Zeit und Geschichte bereits erfolgt (2. Kor 6,2).

Das Motiv eines künftigen Vergeltungsgerichts findet sich auch im *Römerbrief*. In Röm 1 f. ist ausführlich die Rede vom drohenden Gericht über Juden und Nichtjuden, die gleichermaßen den Zorn Gottes auf sich geladen haben und gleichermaßen von ihm zur Rechenschaft gezogen werden. Im Kontext seiner Argumentation in Röm 3 modifiziert Paulus diesen – der traditionellen Apokalyptik entlehnten – Gerichtsgedanken insofern, als er nun einerseits unterstreicht, dass niemand aus Werken des Gesetzes vor Gott gerecht wird, und diese Aussage andererseits mit seiner Überzeugung von der sicheren zukünftigen Rechtfertigung des glaubenden Menschen allein durch Gottes (in der Entmachtung der Sünde bereits gegenwärtig erfahrbare) Barmherzigkeit verbindet. Paulus löst hier also die für die Apokalyptik charakteristische Interdependenz von Ethik und Eschatologie (anders Röm 2,5-8), sodass die Ethik nicht mehr die Bedingung für die Teilhabe am eschatologischen Heil darstellt, sondern erst als Konsequenz des bereits übereigneten Heils notwendig wird.

Paulus schreibt auch im Römerbrief von der Begründung der zukünftigen Rettung vor dem vergeltenden Zorngericht Gottes im bereits gegenwärtig rechtfertigenden und mit Gott versöhnenden Kreuzesgeschehen (Röm 5,9 f.), von der bevorstehenden Auferstehung (Röm 6,4 f.), von einer dem Gericht folgenden neuen Schöpfung (Röm 8,18 ff.) und vom endzeitlichen Triumph Gottes über seinen Widersacher (Röm 16,20). Deutliche Merkmale der apokalyptischen Vorstellungswelt trägt die (literarisch als Enthüllung eines Geheimnisses gestaltete) Ankündigung, der treue Gott Israels werde durch die Bekehrung der nichtjüdischen Welt auch sein Volk im Endgeschehen letztendlich zur Bekehrung und zur Rettung führen (Röm 11,25 f.).

Es ist hinreichend deutlich geworden, dass Paulus apokalyptische Vorstellungsgehalte und Motive entweder tiefgreifend transformiert oder nur als isolierte Aussagemittel gebraucht. Der Heidenapostel greift in kreativer Weise auf apokalyptische Traditionen zurück, ohne sie jedoch miteinander zu harmonisieren, und er instrumentalisiert sie in unterschiedlichen Argumentationskontexten zur Explikation seiner jeweiligen theologischen Position und ihrer paränetisch-ekklesiologischen Entfaltung. Dabei geht es ihm weniger um die beschreibende Entfaltung des eigentlichen Endgeschehens – die Zukunftsaussagen sind bei Paulus an keiner Stelle mit kosmischer Apokalyptik verbunden – als um die umfassende Darstellung der gegenwärtigen bzw. geschichtlichen Bedeutung des durch Christus bewirkten Heilsgeschehens für Juden und Nichtjuden.

Apokalyptik in der nachpaulinischen Briefliteratur

»Was nun das Kommen unseres Herrn Jesus Christus angeht und unsere Vereinigung mit ihm, so bitten wir euch, liebe Brüder, dass ihr euch in eurem Sinn nicht so schnell wankend machen noch erschrecken lasst – weder durch eine Weissagung noch durch ein Wort oder einen Brief, die von uns sein sollen –, als sei der Tag des Herrn schon da.« 2. Thess 2,1 f.

In den nachpaulinischen Briefen und Episteln des Neuen Testaments spiegelt sich das Problem des Ausbleibens der von den christlichen Gemeinden erhofften endzeitlichen Heilsereignisse wider. Der Rückgriff auf apokalyptisch-eschatologische Inhalte und Motive ist in diesen Texten zumeist problem- bzw. kontextbedingt und ohne eigentliche christologische Bedeutung. Ebenso ist hier eine zunehmende Individualisierung der Endzeiterwartungen festzustellen.

Im *2. Thessalonicherbrief* begegnen der jüdischen Apokalyptik entlehnte Motive im Kontext des Versuchs, abweichende Anschauungen über die Nähe der Wiederkunft Christi zum Endgericht zurückzuweisen (2. Thess 2,1-12). Der Autor des pseudopaulinischen Schreibens wandte sich wohl gegen die angespannte Naherwartung eschatologischer Schwärmer, die – unter Berufung auf Paulus selbst – das unmittelbare Bevorstehen bzw. die Gegenwart der Heilszeit verkündeten. Hierbei gebraucht er auch apokalyptisch-eschatologisches Traditionsgut. Er versucht, die Naherwartung seiner Gegner zu dämpfen, indem er die gegenwärtige Situation der Gemeinde im Licht des Weltendes reflektiert. Seine eschatologische Belehrung zielt auf die Gegenwart der Gemeinde. Diese Gegenwart ist für ihn Zeit der Entscheidung, und die Zukunft ist bestimmt von den Konsequenzen dieser Entscheidung, nämlich dem individuellen Ergehen im Endgericht. Der gegenwärtige Abfall von Gott ist bereits ein Zeichen dieser Äonenwende; von den Christen gefordert sind nun Geduld und Standfestigkeit. In diesem Zusammenhang ist auch die Rede vom gesetzlosen Wirken eines gottfeindlichen Antichrist, der Christus als sein endzeitlicher Widersacher gegenüber steht.

Einen Ausblick auf das Ende der Zeit und das Weltgericht Christi über Lebende und Tote enthält der *2. Timotheusbrief* (2. Tim 4,1.8). Jedoch ist dem frühkirchlichen Hirtenbrief keine enthusiastische Naherwartung mehr anzumerken. Es geht vielmehr um die verantwortliche christliche Lebensgestaltung im Angesicht des Endgerichts. Das apokalyptisch-eschatologische Gerichtsmotiv ist hier grundsätzlich paränetisch motiviert.

Der *Hebräerbrief* greift ebenfalls auf das Motivrepertoire der Apokalyptik zurück. Die Mahnrede in Hebr 10,35 ff. stellt dem verheißenen ewigen Lohn für die Gerechten die ewige Strafe für die Gottlosen gegenüber. Auch hier tritt die glühende Parusieerwartung in den Hintergrund. Der Autor betont nicht die Gerichtsnähe, sondern vielmehr den Gerichtsernst, d.h. die fundamentale Relevanz des standfesten Glaubens als eschatologisch zielgerichtete Verhaltensweise. Die tröstende Paränese in Hebr 12,18 ff. greift auf die apokalyptische Vorstellung einer räumlichen transzendenten Gegenwelt zurück. Die Zusage eschatologischer Heilsgegenwart beruht nämlich auf der Vorstellung von einer himmlisch-transzendenten Welt, die sich dem Glaubenden bereits gegenwärtig in der irdischen Welt während der gottesdienstlichen Feier erschließt.

Im *2. Petrusbrief* werden traditionelle apokalyptische Stoffe aufgegriffen, obwohl der Brief sichtlich von einer nachlassenden Naherwartung geprägt ist (2. Petr 3,3 ff.). Der antike Autor interpretiert das Auftreten libertinistischer Spötter und Parusieleugner seinerseits als sichtbares Zeichen dafür, dass die letzte Zeitperiode bis zum Endgeschehen in Wirklichkeit bereits angebrochen ist. Sprachmustern aus der jüdischen Apokalyptik folgt der *1. Johannesbrief*, wo die Zeitdimension der dualistischen Opposition von Licht und Finsternis Betonung erfährt (1. Joh 2,8). Die Rede ist hier von der vergehenden Dunkelheit der alten Welt und der neuen Schöpfung, deren wahres Licht bereits scheint. Eine christologische Interpretation der Endgerichtsprophetie des äthiopischen Henochbuches (s. o. 62 ff.) enthält auch der Judasbrief (Jud 3 ff.18). In ähnlicher Weise wie im – wohl jüngeren – 2. Petrusbrief wird in dem kurzen Schreiben das Auftreten gottloser Spötter, die bereits jetzt für ihre künftige Verurteilung und Bestrafung vorgemerkt sind, als endzeitliches Phänomen gedeutet.

Apokalyptik in der Evangelienliteratur

»Aber zu jener Zeit, nach dieser Bedrängnis, wird die Sonne sich verfinstern und der Mond seinen Schein verlieren, und die Sterne werden vom Himmel fallen, und die Kräfte der Himmel werden ins Wanken kommen. Und dann werden sie sehen den Menschensohn kommen in den Wolken mit großer Kraft und Herrlichkeit. Und dann wird er die Engel senden und wird seine Auserwählten versammeln von den vier Winden, vom Ende der Erde bis zum Ende des Himmels.« Mk 13,24-27

Auch die Verfasser der vier neutestamentlichen Evangelien übernahmen apokalyptische Traditionen, unterzogen sie einer essentiellen Veränderung durch ihre jeweilige Christologie und arbeiteten sie in ihre fortlaufenden Geschichten über den irdischen Jesus ein. Im *Markusevangelium* begegnen die Vergegenwärtigung des Reiches Gottes, die Terminierung des Weltendes und die Ankündigung seiner Vorzeichen als zentrale Inhalte des Auftretens und der Botschaft Jesu. Ausgeführt werden das apokalyptische Konzept seiner Verborgenheit (Mk 4,11 f.) und die Gleichsetzung des erwarteten Endgerichtes mit der Getreideernte (Mk 4,26-29). Auch die Darstellung der Kreuzigung Jesu bei Markus enthält apokalyptisch-eschatologische Motive wie die Finsternis oder die Spaltung des Tempelvorhangs (Mk 15,33.38). Johannes der Täufer wird von Markus als prophetische Gestalt gedeutet, mit deren Auftreten die Endzeit beginnt (Mk 9,13). Von besonderer Relevanz ist die transzendente Gestalt des »Menschensohnes« als himmlischer Figur, der Gottes Macht in der Endzeit übertragen wird und die das Gericht an der Welt durchführen wird (Mk 8,38; 14,62). Markus verwendet das – aus der

Tradition der jüdischen Apokalyptik (s. o. 59 f.) zu verstehende – Motiv des Menschensohnes und seiner eschatologischen Vollmacht als Hoheitstitel, um damit sowohl Aspekte des Lebens und Sterbens Jesu als auch seiner eigenen Parusieerwartung zu beschreiben.

Als geschlossene redaktionelle Komposition aus verschiedenen Traditionsstücken entfaltet die Jesus in den Mund gelegte esoterische Endzeitrede an seine Jünger in Mk 13 traditionelle apokalyptisch-eschatologische Vorstellungen, um eine – unter den Lesern seines Evangeliums offenbar verbreitete – Deutung der Endphase des Jüdischen Krieges und der Tempelzerstörung des Jahres 70 n. Chr. als Zeichen des fortgeschrittenen Endstadiums der Geschichte und der unmittelbar bevorstehenden Parusie abzuwehren. Indem Markus hier zwischen der (gegenwärtigen) Zeit der vorläufigen irdischen Bedrängnis (Mk 13,5-23) und der (zukünftigen) Zeit der endgültigen Heilsvollendung in kosmischer Dimension (Mk 13,24-27) unterscheidet, unterbindet er eine solche Interpretation der aktuellen Krise als Zeichen der endzeitlichen Rettung und des Gerichtes zugunsten einer wachsamen Stetsbereitschaft seiner Adressaten.

Das *Matthäusevangelium* qualifiziert die Gegenwart seiner Adressaten, indem es das Christusgeschehen nach dem Schema »Verheißung und Erfüllung« als endzeitliche Erfüllung biblischer Prophezeiungen darstellt (z. B. Mt 1,22 f.). Dabei rezipiert es insbesondere den apokalyptisch-eschatologischen Gerichtsgedanken und die Vorstellung von der in naher Zukunft anbrechenden Königsherrschaft Gottes. Eine besonders breite Ausmalung erfährt das Endgerichtspanorama (z. B. Mt 12,41 f.). Matthäus greift hierbei auch auf eine frühchristliche Sammlung von Jesusworten zurück, die ein besonderes Interesse an eschatologischen Aspekten des Lebens Jesu und an der Betonung des Gerichtsgedankens haben. Als prägnantes Beispiel hierfür ist das Vater Unser (Mt 6,9-13) zu nennen, das Gebetsbitten kosmisch-apokalyptischen Charakters mit alltagsethischen Bitten um den Erhalt von Leben und Gemeinschaft verbindet.

Das Kommen des Gerichtstages bedeutet für Matthäus zugleich eine individuelle Scheidung zwischen Gerechten und Gottlosen; sein gegenwärtiges Anbrechen bedeutet also bereits selbst Vergeltungsgericht (Mt 7,24 ff.; 24,40 f.). Die Einlassbedingungen in das himmlische Gottesreich sind für Matthäus der Glaube, die Buße und vor allem die umfassende tätige Gebotserfüllung, die »bessere Gerechtigkeit« (Mt 5,20). Wichtige Aspekte der Heilserwartung des Evangelisten spiegeln die Seligpreisungen der Bergpredigt (Mt 5,3-10) wider. In Mt 8,11 f. begegnet das Doppelmotiv des exklusiven eschatologischen Freudenmahls der Gerechten im Reich Gottes und des – selbstgewählten – Ausschlusses der Gottlosen von dieser Heilsfeier bzw. ihrer Verdammung an einen Strafort. Bei seiner ausführlichen literarischen Bearbeitung der markinischen Endzeitrede in Mt 24 f. stellt Matthäus die kosmische Katastrophe und das ihr folgende endzeitliche Gerichtsgeschehen als universale Offenbarung des Weltrichters Christus dar. Die wichtigste Funktion der umgebildeten Mahnrede besteht darin, ihre Adressaten zur geduldigen Wachsamkeit und einer ebenso entschiedenen wie aktiven Gestaltung der christlichen Existenz angesichts des – prinzipiell jederzeit möglichen – plötzlichen und unkalkulierbaren Anbrechens dieses Gerichtstages aufzufordern.

Im *Lukasevangelium* und in der *Apostelgeschichte* rückt das Weltende einerseits in weite Ferne, wird aber andererseits die Gegenwart auch mittels traditioneller Vorstellungen aus dem Bereich der jüdischen Apokalyptik gedeutet. Der dritte Evangelist entschärft indes die – zunehmend problematisch werdende – Parusienaherwartung durch einen heilsgeschichtlichen Entwurf, der bereits die Zeit Jesu und die Zeit der Kirche, die Gegenwart seiner Adressaten, positiv als eine qualifizierte Heilszeit ausweist (Lk 17,20 f.). Johannes der Täufer ist explizit keine Gestalt der Endzeit mehr (Lk 16,16), sondern wird der bereits abgeschlossenen Zeit Israels zugeordnet. Die lukanische Bearbeitung der markinischen Endzeitrede entspannt in diesem Sinne die Endtags- und Gerichtserwartungen ihrer Vorlage. Auch hält Lukas an der Vorstellung eines endzeitlichen Widersachers Christi (Lk 10,18), an dem Bild einer kommenden kosmischen Katastrophe (Lk 17,26 f.) und an der futurischen Parusie- und Gerichtserwartung fest (Lk 10,13 ff.; 18,7 f.; Apg 1,1-12). Zugleich deutet er die Geschichte Jesu Christi und der Kirche als Erfüllung der eschatologischen Prophezeiungen der Schrift (Apg 2,16 f.). Die narrative Trennung von Auferstehung, Himmelfahrt und Geistsendung (Lk 24; Apg 1) zeigt jedoch, dass das Auferstehungsereignis im lukanischen Doppelwerk nicht mehr als apokalyptisch-eschatologisches Impulsereignis den Anbruch der Endzeit markiert. Vielmehr ist das Reich Gottes für Lukas in der Zeit der Kirche schon angebrochen. Es ist demnach also für alle Menschen bereits gegenwärtig durch den Geist erfassbar und durch ethische und missionarische Aktivität zu realisieren.

Im *Johannesevangelium* sind die Hoffnung auf diesen endzeitlichen Sieg Gottes über die Mächte der Finsternis und das Bewusstsein der bereits gegenwärtigen Heilszeit eng miteinander verzahnt. Der vierte Evangelist baut den christlichen Osterglauben konzeptionell in seine Darstellung des irdischen Jesus ein. Für ihn ist bereits das irdische Wirken Jesu eschatologische Rettungstat Gottes und zugleich ein Offenbarungsgeschehen, das die Menschen zum Glauben führt. Die johanneische Eschatologie wird somit zur Funktion seiner Christologie. Der religionsgeschichtliche Hintergrund dieses Denkens ist ganz wesentlich von der jüdischen Apokalyptik bestimmt, die hier allerdings in eigenständiger Weise neu interpretiert wird. Rezipiert werden vor allem das Motiv der Enthüllung einer transzendenten Wahrheit, der kosmische Dualismus, die lineare und determinierte Wahrnehmung der Geschichte, die Totenauferstehung und der Gerichtsgedanke. Jeder dieser Vorstellungskomplexe wird im Johannesevangelium jedoch aus seinem ursprünglichen Kontext herausgenommen und erfährt eine tiefgreifende Umdeutung.

Der Jesus des Johannesevangeliums tut zwar öffentlich kund, was er bereits vor Beginn seines irdischen Wirkens bei Gott selbst gehört hat (Joh 3,34), aber seine Botschaft und das in ihr enthaltene Heil werden nicht von allen Menschen verstanden und angenommen. Beides erschließt sich nur unmittelbar in der Glaubensentscheidung, andernfalls bleibt es für immer rätselhaft und verborgen. In dieser alternativen Reaktion der Menschen auf Jesus zeigt sich der radikale Widerspruch zwischen Gott, Jesus und den Seinen auf der einen und den gottfeindlichen Mächten des Kosmos auf der anderen Seite. Bildhaft dargestellt wird dieser schroffe Dualismus mittels der traditionellen Gegensatzpaare »Licht – Finsternis«, »Wahrheit – Lüge« oder »Leben – Tod«.

Bereits der Prolog des Evangeliums (Joh 1,1-18) zeigt seinen Lesern an, dass das von ihnen für die Zukunft erhoffte vollendete Glück und Heil tatsächlich nur die Enthüllung dessen ist, was für sie der Welt zwar noch verborgene, aber bereits existente und gottgewollte heilvolle Wirklichkeit ist. Dementsprechend gilt selbst der Kreuzestod Jesu als Vollendung des göttlichen Heilswerkes. Der Qualifizierung der Gegenwart der nachösterlichen christlichen Gemeinde als Schauplatz göttlichen Handelns dient die Figur des Parakleten (»Trösters«) als ihr Beistand (Joh 14,26). Zugleich markiert die Gemeinde ihrerseits die undurchlässigen Grenzen seines heilvollen Wirkens im heillosen Kosmos. Die Totenauferstehung, die sowohl in den synoptischen Evangelien als auch bei Paulus futurisch vorgestellt wird (s.o. 96ff.), ereignet sich nach Johannes zumeist bereits in der Gegenwart (Joh 5,24; implizit auch 8,21; anders 12,48). Schließlich enthält das Johannesevangelium so gut wie keine Bezugnahmen auf ein zukünftiges endzeitliches Gerichtsgeschehen. Das Entscheidungsgericht über alle Menschen vollzieht sich vielmehr bereits aktuell in ihrer Begegnung mit dem irdischen Jesus und in ihrer individuellen Entscheidung zwischen Glauben und Unglauben (Joh 3,36).

Im verstehenden Hören auf Jesus als Offenbarungsträger erfolgen – gleichsam automatisch – Rettung und Auferstehung. Für alle gläubigen Christen gehört das Gericht somit bereits der Vergangenheit an. Über ihr ewiges Leben in der vollendeten Gemeinschaft mit Gott und Jesus Christus, das sich bei der Parusie realisiert, ist bereits jetzt definitiv entschieden. Insgesamt kann man sagen, dass die kreative Umgestaltung apokalyptischer Motive bei Johannes seine Adressaten in ihrem Glauben versichern und diesen vertiefen will, indem er ihnen darlegt, dass das zukünftige Heilsgut des ewigen Lebens im Reich Gottes gegen allen Augenschein bereits jetzt in ihrem Besitz ist.

Die Offenbarung des Johannes

»Und wenn die tausend Jahre vollendet sind, wird der Satan losgelassen werden aus seinem Gefängnis und wird ausziehen, zu verführen die Völker an den vier Enden der Erde, Gog und Magog, und sie zum Kampf zu versammeln; deren Zahl ist wie der Sand am Meer. Und sie stiegen herauf auf die Ebene der Erde und umringten das Heerlager der Heiligen und die geliebte Stadt. Und es fiel Feuer vom Himmel und verzehrte sie. Und der Teufel, der sie verführte, wurde geworfen in den Pfuhl von Feuer und Schwefel, wo auch das Tier und der falsche Prophet waren; und sie werden gequält werden Tag und Nacht, von Ewigkeit zu Ewigkeit.« Apk 20,7-10

Als bekannteste Quelle und wichtigste Inspiration der christlichen Zukunftserwartungen und ihrer – über die Jahrtausende in die kulturellen Hauptströmungen der christlich geprägten Welt abgesunkenen – visionären Bilder und Vorstellungsgehalte gilt die neutestamentliche *Johannesoffenbarung*. Diese literarisch stringent durchkomponierte frühchristliche Schrift, die ihrerseits den religionsgeschichtlichen Begriff »Apokalypse« erst prägte (s. o. 9 f.), enthält eine perspektivisch christozentrische Interpretation der eigenen Zeitgeschichte im Horizont des Übergeschichtlichen, das in dieser (zum Rundbrief stilisierten) christlichen Trostschrift in zahlreichen der jüdischen apokalyptischen Literatur entlehnten Bildern und Motiven zum Ausdruck kommt. Die Offenbarung des Johannes gibt sich als die literarisch fixierte Enthüllung des erhofften Erlösungsgeschehens aus, die Jesus Christus selbst ihrem Verfasser, dem Seher von Patmos, visionär geoffenbart habe. Dieser Seher enthüllt seinen christlichen Adressaten in einer krisenhaft wahrgenommenen Situation mittels der traditionellen apokalyptischen Symbolsprache eine zeitlich und räumlich gefasste transzendente Wirklichkeit. Nach dem Schema von Verheißung und Erfüllung stellt er ihre als krisenhaft und bedrückend empfundene Gegenwart in den Horizont der bald erwarteten heilbringenden Wiederkunft Christi. Der fortwährende implizite Rückgriff auf die biblische und frühjüdische Überlieferung dient dabei dem sinnstiftenden Verständnis dieser Gegenwart. Der Rückgriff dient zugleich der vergewissernden Interpretation der Tradition, insbesondere der biblischen Schriftprophetie, im Lichte aktueller Ereignisse und Vorgänge. Die Leser der frühchristlichen Schrift sollen nämlich auf diese Weise die Gewissheit erhalten, dass sie unter bestimmten Voraussetzungen zu den Erwählten gehören.

Der Autor der Johannesoffenbarung wandte sich mit einem immensen Autoritätsanspruch gegen die Anpassung der jungen Kirche an die attraktive pagane Alltagskultur im Osten des römischen Imperiums und insbesondere an die mächtige religiöse Staatsideologie seiner Zeit, wobei er mittels überbordender Metaphorik und Symbolik das ihn umgebende Weltgeschehen in persuasiver Weise als Endgeschehen deutete. Im Hintergrund der Schrift steht freilich keine aktuelle und allgemeine gewaltsame Christenverfolgung, sondern eine provozierte Entscheidungssituation im Loyalitätskonflikt zwischen den kleinasiatischen christlichen Gemeinden und dem römischen Staat, nämlich die subjektiv empfundene Alternative zwischen der gesellschaftlich marginalisierenden Selbstausgrenzung aus der hellenistisch-römischen Kultur und der symbiotischen Anpassung und der öffentlichen Unterordnung unter den römischen Kaiserkult während der letzten Regierungsjahre des Kaisers Domitian (reg. 81–96 n. Chr.). Die krassen Katastrophenszenarien der Schrift haben sicher keine Entsprechung in einer tatsächlichen maßlosen Gewalterfahrung dieser Gemeinden. Die Johannesoffenbarung wollte also nicht so sehr ihre von außen bedrängten christlichen Leser trösten, als vielmehr eine binnenchristliche Verständigung über das – von ihrem Verfasser offenbar gewollte – distanzierte Verhältnis gegenüber der nichtchristlichen Mehrheitsgesellschaft provozieren.

Johannes wollte seinen Adressaten in den Gemeinden im ehemaligen paulinischen Missionsgebiet die bestärkende Gewissheit vom siegreichen Ende vermitteln und sie davon überzeugen, dass nur entschiedene Standhaftigkeit und passiver Widerstand das für sie in dieser kritischen Situation gebotene Verhalten sei. Das Buch nimmt dabei durchweg Bezug auf apokalyptisch-eschatologische Vorstellungen wie die Schilderung einer himmlischen Welt, das Endgericht oder die Ankündigung endzeitlichen Heils für die Gerechten. Es entkontextualisiert diese Vorstellungen jedoch generell, um ihnen eine neue, christologisch fundierte Bedeutung zuzuweisen. Diese Umdeutung durchzieht das gesamte Buch. Der Seher von Patmos betont gleich am Anfang seine legitimierende Beauftragung durch Christus selbst (Apk 1,9-20). Er erblickt sodann in einer Vision den himmlischen Thronsaal Gottes (Apk 4,1-11). Immer wieder enthält die Johannesoffenbarung Ausblicke auf die jenseitige Welt (Apk 7,1-17; 11,15-19 u.ö.). Ihre (hinsichtlich der Ereignisfolge erkennbar am biblischen Ezechielbuch orientierte) verschlüsselte Schilderung der endzeitlichen kosmischen Drangsal erfolgt in drei Siebener-Zyklen (sieben Siegel [Apk 6,1-8,1]; sieben Posaunen [Apk 8,2-11,19]; sieben Schalen [Apk 16,1-21]). Das Weltende gilt als unmittelbar bevorstehend (Apk 10,6), ein Antichrist tritt auf (Apk 13,1-10), das vergeltende Endgericht wird erwartet (Apk 14,6-20). Am Ende der in den Visionsreihen dargestellten endzeitlichen Ereignisfolge stehen die Parusie Christi (Apk 19,11-21), die Entmachtung aller gottfeindlichen Mächte, ein tausendjähriges Friedensreich und zunächst die Auferstehung der gestorbenen Märtyrer (Apk 20,1-6), dann die ihr folgende Auferstehung aller anderen Toten und das allgemeine Vergeltungsgericht, welches alle Sünder gemäß ihren Taten in einen zweiten Tod, ins endgültige Verderben stößt und von welchem allein die endzeitliche Heilsgemeinde verschont bleibt (Apk 20,11-15). Beschrieben wird sodann die radikale Ablösung des negativ qualifizierten gegenwärtigen Äons durch einen neuen Himmel und eine neue Erde (Apk 21,1-8). Abschließender Höhepunkt dieser umfänglichen Heilsschilderung ist die Beschreibung des himmlischen Jerusalem als endzeitlicher Entsprechung des urzeitlichen Paradieses (Apk 21,9-22,5), in dem keine lokale Trennung zwischen Gott und den (nunmehr ewig lebenden) Menschen mehr besteht. In der Entsprechung von Urzeit und Endzeit kommt – ebenso wie in dem feststehenden Umfang des erwählten Gottesvolkes der Endzeit (»144.000«; Apk 7,4) – der Gedanke eines souveränen, umfassenden und zielgerichteten Geschichtsplans des allmächtigen und gerechten Gottes zum Ausdruck.

Zugleich sind auch einige gravierende Unterschiede gegenüber der jüdischen apokalyptischen Literatur festzuhalten. Die Johannesoffenbarung bedient sich nicht des Stilmittels der Pseudepigraphie, sondern ihr Verfasser nennt explizit seinen Namen (Apk 1,9). Die Visionsreihen enthalten weder Geschichtsüberblicke in futurischer Form noch *Vaticinia ex eventu*. An die Stelle des ausgeführten endzeitlichen Gerichtes Gottes tritt die Parusie Christi. Der wichtigste Unterschied besteht darin, dass für den Seher Johannes die entscheidende Zeitenwende nicht in der Zukunft liegt, sondern bereits erfolgt ist. Der entscheidende Sieg über die gottfeindlichen Mächte dieser Welt ist im geschichtlichen Christusgeschehen bereits errungen (Apk 12,10 f.); die Heilszeit ist für ihn also bereits gegenwärtig angebrochen und erfahrbar.

Eigentlich ist die Johannesoffenbarung in ihrem Ursprung keine apokalyptische, sondern in erster Linie eine prophetische Schrift. Ihre Zuordnung zur literarischen Sammelgattung »Apokalypse« gehört deshalb zu ihrer Wirkungsgeschichte. Hierfür spricht nicht nur die Selbstwahrnehmung ihres Verfassers als Prophet (Apk 1,3; 22,7.10.18), sondern auch ihre Sprache, ihre Form und ihr Inhalt (z. B. 1,9; 10,1-11; 11,1-14). Als christozentrische Prophetie wollte sie die Christen in Kleinasien zugleich ermutigen und ermahnen, indem sie ihnen einschärfte, dass das Böse in der Welt keinesfalls Bestand haben würde und das Wiederkommen Christi zum Endgericht über alle Abweichler und Gegner nahe sei.

Frühchristliche Apokalypsen außerhalb des Neuen Testaments

In den jüngeren apokalyptischen Schriften des frühen Christentums begegnen wiederholt ausführliche Offenbarungsschilderungen der Wiederkunft Christi zum Gericht über die Menschheit, des Endkampfes des Guten gegen das Böse (bzw. der Gerechten gegen die gottfeindlichen Mächte), der hereinbrechenden kosmischen Katastrophen, der radikalen Umgestaltung der diesseitigen Welt, des himmlischen Friedensreiches und des jenseitigen Strafortes. Ebenso wie in der traditionellen jüdischen apokalyptischen Literatur werden den Protagonisten dieser neu produzierten christlichen apokalyptischen Schriften göttliche Geheimnisse über die jenseitige Welt, die letzten Dinge und andere Rätsel enthüllt und erklärt. Auch die apokalyptischen Offenbarungsschriften aus den ersten Jahrhunderten des Christentums erhoben den Anspruch, das vorausbestimmte nahe Ende dieser Welt und den Anbruch des kommenden Äons aufzudecken.

Die frühchristlichen apokalyptischen Schriften sollten ihre Adressaten weniger belehren als erbauen, ermahnen und ermutigen, indem sie ihnen eine tröstende verborgene Wirklichkeit erschlossen, die ihre eigene Welterfahrung ihnen nicht mehr bot. Gerade solche christlichen Apokalypsen, die von der Großkirche später nicht übernommen und nie in den Rang kanonischer heiliger Schriften erhoben wurden, verarbeiteten viele pagane und gnostische Überlieferungen, schöpften daneben aber vor allem aus der reichen jüdischen Tradition. Der Gedanke des – als sich bereits gegenwärtig erfüllend betrachteten – göttlichen Geschichtsplans bot hier eine plausible Deutungsmöglichkeit der irritierenden Parusieverzögerung. Das Zeitproblem konnte zuweilen auch vollends in den Hintergrund treten, indem sich die Verhältnisbestimmung von diesseitiger und jenseitiger Welt zunehmend vom »Wann?«, d.h. von der temporal-geschichtlichen Ebene, auf das »Wie?«, d.h. auf die spatial-kosmische Ebene, verlagerte: Das Paradies wurde somit von einer endzeitlichen zu einer himmlischen Welt. Andererseits wurden die apokalyptisch-eschatologischen Zukunftserwartungen nun in immer stärkerem Maße auch innergeschichtlich vorgestellt und mit konkreten politischen Erwartungshorizonten verbunden.

Mit dem Nachlassen der Erwartung der Wiederkunft Christi bereits für die unmittelbare Zukunft verschob sich das Darstellungsinteresse der christlichen Apokalypsen immer mehr weg von der Reflexion der eschatologischen Naherwartung und hin zu einer umfassenden Darstellung des drohenden Endgerichts und der ausführlichen Imagination von Himmel und Hölle und ihren Bewohnern. Die Darstellung des vergeltenden Gerichts und seiner Folgen, des zukünftigen Heils für die seligen Gerechten im Paradies und der grausamen Bestrafung der Sünder in der (griechisch-römische Totenreichvorstellungen aufnehmenden und umgestaltenden) Hölle wurde in den altkirchlichen Apokalypsen immer weniger mit der allgemeinen Vorstellung eines fernen Weltendes und immer stärker mit dem individuellen Todesgeschick verbunden. Es wurde in zunehmendem Maße in den Dienst der Ethik gestellt und zielte auf eine gegenwärtige Änderung des Denkens und des Verhaltens im Sinne der christlichen Botschaft. Den phantasievollen Schilderungen von Paradiesfreuden und Höllenqualen in diesen Texten, von denen hier einige exemplarisch vorgestellt werden, kam nunmehr eine wesentliche paränetische Funktion zu, indem sie ihre Leser zur ständigen Wachsamkeit aufriefen.

»Ich sah aber auch einen anderen Ort (…) und es war der Ort der Züchtigung. Sowohl die dort Gezüchtigten als auch die züchtigenden Engel tragen entsprechend der Luft des Ortes ihr Gewand dunkel. Und es waren einige dort an der Zunge aufgehängt. Dies aber waren die, die den Weg der Gerechtigkeit gelästert hatten, und unter ihnen befand sich Feuer, das loderte und sie strafte.« ApkPetr (Achmin), Fol. 8r, 21 f.

Einen großen Einfluss auf die verbreitete christliche Vorstellung von

Himmel und Hölle hatte die *Petrusapokalypse* bzw. *Offenbarung des Petrus*, ein nur in einer äthiopischen Fassung und drei (von dieser partiell abweichenden) griechischen Textzeugen erhaltener Text aus der ersten Hälfte des 2. Jhs. n. Chr. Die wohl in Ägypten entstandene Schrift taucht im *Fragmentum Muratori* (s.o. 11) auf und wurde von einigen frühchristlichen Schriftstellern als kanonischer Text zitiert. Beides zeigt an, dass sie von manchen Gemeinden als verbindliche heilige Schrift betrachtet wurde. Ihre zentralen Themen sind die Parusie Christi, die Totenauferstehung und das Endgericht.

Der Apostel Petrus, der entscheidende Zeuge der Auferweckung Jesu (vgl. 1. Kor 15,5; Lk 24,34), gilt dem Verfasser der (mit der gleichnamigen gnostischen Apokalypse [s.u. 119] nicht identischen) Schrift als idealer Offenbarungsempfänger, dem während einer Vision vom Auferstandenen selbst das endgültige Schicksal der Gerechten und der Gottlosen enthüllt wird. Petrus erfährt vom Auftreten eines Antichrist während der Endzeit und vom Weltgericht im Feuer. Neben der Belohnung der Gerechten im Paradies werden dabei die grausamen ewigen Höllenstrafen jeglicher Art, die allen Sündern in exakter Entsprechung zu ihren unterschiedlichen irdischen Missetaten widerfahren werden, besonders ausführlich und detailliert geschildert. Die Funktion dieser breiten Ausmalung des künftigen Geschicks der Gottlosen in der Hölle ist allerdings nicht informativ, sondern persuasiv. Das eigentliche Ziel des Verfassers ist es, seine Leser durch eine warnende Beschreibung des möglichen Schicksals nach dem Tod in ihrer Lebensführung zu bestätigen und sie daneben auch zu einem ethischen Handeln zu motivieren.

> »*Und ich folgte dem Engel und er erhob mich bis zum dritten Himmel und stellte mich an die Tür der Pforte. Und aufmerkend sah ich (…) zwei goldene Tafeln darüber voll von Buchstaben. (…) Und ich fragte den Engel und sagte: Herr, sage mir, weshalb diese Buchstaben auf jene Tafeln gesetzt sind? Der Engel antwortete und sagte zu mir: Das sind die Namen der Gerechten, die Gott von ganzem Herzen dienen, solange sie die Erde bewohnen.*« ApkPl 19

Inhaltlich anknüpfend an das von Paulus in 2. Kor 12,2-4 erwähnte ekstatische Erlebnis schildert die in griechischer Sprache nur unvollständig überlieferte, aber in einer hinsichtlich ihrer Nähe zur Vorlage recht vertrauenswürdigen mittelalterlichen lateinischen Übersetzung erhaltene *Paulusapokalypse* eine ausgedehnte Himmelsreise des Apostels und ein ausführliches eschatologisches Gerichtspanorama. Zahlreiche Übersetzungen der apokalyptisch-eschatologischen Schrift in kirchliche Literatursprachen zeigen an, dass ihr eine starke Verbreitung und Popularität zukam. Das in seinen ältesten Bestandteilen frühestens im ausgehenden 4. Jh. n. Chr. entstandene Werk, in dessen Rahmenhandlung von seiner fingierten Entdeckung berichtet wird, greift in kompilatorischer Weise auf älteres Traditionsgut zurück; so lassen sich beispielsweise deutliche literarische Bezugnahmen auf die Petrusapokalypse (s. o.) erkennen.

Der Protagonist der (mit der gleichnamigen gnostischen Apokalypse [s. u. 119] ebenfalls nicht identischen) Paulusapokalypse gelangt auf seiner Himmelsreise in die verschiedenen Sphären, wo er sieht, wie die Engel die guten und bösen Taten aller Menschen vor Gott ausbreiten. Ein umfangreicher Geschichtsüberblick betont den geduldigen Aufschub der eigentlich längst fälligen Bestrafung, den Gott der Menschheit gewährt, mündet aber schließlich in die Beschreibung der vollständigen Zerstörung dieser Welt und des Kommens einer neuen Erde als einem Paradies für die Gerechten. Die Freuden dieser seligen Gerechten im Paradies und vor allem die Qualen der verdammten Sünder an ihren verschiedenen höllischen Straforten, deren Zeuge Paulus auf seiner visionären Reise wird, erfahren eine detaillierte Darstellung. Während er im Himmel Maria und die gerechten Glaubenszeugen erblickt, findet er in der Hölle auch zahlreiche kirchliche Amtsträger vor. Durch seine Fürsprache wird diesen an jedem Sonntag eine Unterbrechung ihrer Höllenqualen gewährt. Ebenso wie bei der Petrusapokalypse fußt die Popularität auch dieses frühchristlichen Textes wohl im Wesentlichen auf der starken Faszination, die seine bildgewaltige Darstellung der Bestrafung der gottlosen Sünder am Tag der Abrechnung bei seinen Lesern auslöste.

»*Und wenn die sieben Tage vorübergegangen sind, (…) wird jener Engel öffentlich erscheinen, der über die heiligen Engel Gewalt hat. Mit ihm werden alle Engel zusammen ausziehen, auf dem Wolkenwagen meines heiligen Vaters sitzend, frohlockend, über der Luft unter dem Himmel umherschweifend, um meine Erwählten zu retten, die an mich geglaubt haben; frohlockend schließlich darüber, dass der Untergang der Welt hereingebrochen ist.*« ApkTh (Codex Clm. 4563, fol. 40b)

Eine dem Apostel Thomas als Offenbarungsempfänger zugeschriebene Darstellung des Weltuntergangs enthält die in zwei unterschiedlichen lateinischen Textfassungen eines verschollenen griechischen Originals aus dem 5. Jh. n. Chr. erhaltene *Thomasapokalypse*. Während in der jüngeren lateinischen Langversion der visionären Beschreibung des – dem

Visionär Thomas von Christus selbst mitgeteilten – katastrophischen Ablaufs der Endereignisse eine längere Schilderung der endzeitlichen Plagen vorgeschaltet ist, die in Form von *Vaticinia ex eventu* auf zeitgeschichtliche politische Ereignisse Bezug nimmt, breitet die (ihrerseits wohl ebenfalls mehrfach bearbeitete) Kurzversion die Vorzeichen endzeitlicher Wehen und den Verlauf der letzten sieben Tage vor dem Weltende aus. Dabei lehnt sich die eschatologische Umkehrung der Weltschöpfung hinsichtlich der Siebenerreihe als formalem Ordnungskriterium deutlich erkennbar an die neutestamentliche Johannesoffenbarung an (s. o. 105 ff.).

Am Ende der (im Sinne einer rückläufigen Schöpfung angeordneten) endzeitlichen Zeichen und Begebenheiten kommt es am sechsten Tag zur Erschütterung der kosmischen Ordnung, am siebten Tag zu einem Kampf zwischen den Engeln und zur Rettung der überlebenden Erwählten Gottes, am achten Tag schließlich zum Weltuntergang, zur Parusie Christi, zur fleischlichen Auferstehung aller Gerechten und zu ihrer Entrückung in den Himmel. An der Berechnung bzw. fixierenden Terminierung des Weltuntergangs ist die Schrift indes nicht interessiert. Ebenso fehlen hier ein entfaltetes Gerichtspanorama und die Integration von Messiasvorstellungen. Die wesentliche Intention ihres Verfassers scheint vor allem darin bestanden zu haben, die vielfältigen neutestamentlichen Aussagen über Weltende und Auferstehung in harmonisierender Weise zu einem stringenten literarischen Entwurf zu verschmelzen.

Apokalyptische Elemente in anderen frühchristlichen Schriften

Dem Modell einer literarischen Apokalypse folgt eine ganze Reihe weiterer christlicher Schriften. Allerdings sind sowohl die Intensität als auch die Funktion des Rückgriffs auf ältere apokalyptische Formen und Inhalte hier von Fall zu Fall sehr unterschiedlich. Die *Didache*, eine zu Beginn des 2. Jhs. n. Chr. im palästinisch-syrischen Raum entstandene handbuchartige frühchristliche Kirchenordnung, bietet an ihrem Ende einen gerafften Abriss des Verlaufs der Endereignisse, der einige Anklänge an die Johannesoffenbarung aufweist (Did 16,3-8). Dem Auftreten von falschen Propheten folgen hier die Epiphanie des Antichrist und ein großer Abfall vom christlichen Glauben. Der Offenbarung der kosmischen Zeichen der Endzeit folgt sodann die Parusie Christi. Der Text der Didache bricht hier unvermittelt ab; es ist anzunehmen, dass die Parusieschilderung ursprünglich in eine entfaltete Endgerichtsszene mündete. Die Verheißung eines heiligen Restes innerhalb der christlichen Gemeinde, die unter allen Umständen an ihrem Glauben festhält und allein aus diesem Grund vor dem jederzeit drohenden Zorngericht gerettet wird, korrespondiert mit der generellen paränetischen Tendenz der normativen Lehrschrift und will ihre Befolgung in den Gemeinden sicherstellen.

Der gegen Ende des 1. Jhs. n. Chr. in Rom verfasste *1. Clemensbrief* enthält neben einer ausgeführten Parusie- und Gerichtserwartung auch die Darstellung einer typologischen Entsprechung zwischen dem vergangenen Weltuntergang durch Wasser während der Sintflut und dem zukünftig drohenden Weltuntergang durch Feuer. Jedoch tritt in dem Schreiben die Parusienaherwartung merklich in den Hintergrund; sein Verfasser markiert vielmehr eine deutliche Grenzlinie zwischen der Gegenwart und der Zukunft. Seine feste Überzeugung, dass das – rein futurisch-transzendente – Reich Gottes prinzipiell nicht in die diesseitige Welt hineinzuragen vermag, bedeutet für seine Adressaten, dass ihr Christsein eigentlich keine Vorwegnahme des Endheils bedeutet, sondern dass es ihnen durch das geschichtliche Handeln Gottes in Jesus Christus allein möglich geworden ist, von nun an so zu leben, dass sie im Gericht bestehen und in das Reich Gottes gelangen können. Der christliche Glaube verleiht ihnen also nur eine Art Anwartschaft auf das zukünftige Heil. Im 1. Clemensbrief werden die Implikationen dieser Anwartschaft durchweg in rationalistischer, moralistischer und individualistischer Weise entfaltet. Deutlich zu erkennen ist dabei die eigentlich paränetische Ausrichtung der Indienstnahme apokalyptisch-eschatologischer Gedanken.

Zu nennen ist hier auch die *griechische Baruchapokalypse*, deren Verfasser im 2. Jh. n. Chr. die Himmelsreise Baruchs beschreibt, des Schreibers des Propheten Jeremia, die ihn Zeuge des Endgerichtes werden lässt und zudem eine Schilderung des himmlischen Tempels bietet. Eine eigentümliche Verwendung apokalyptischer Form- und Stilelemente bietet der in der zweiten Hälfte des 2. Jhs. n. Chr. entstandene *Hirt des Hermas*. Zwar begegnen auch hier visionäre Begegnungen des fiktiven Erzählers mit übernatürlichen Offenbarungsträgern, Wachvisionen, Entrückungen und Deuteengel, aber eben keine Enthüllungen über die Endzeit, die jenseitige Welt oder die eschatologische Zukunft. Vielmehr ist die Offenbarungsschrift von ihrem eigentlichen Inhalt her eine ausführliche Paränese auf der Basis traditionellen ethischen Spruchguts, die sich durchweg apokalyptischer Stilformen und antiker Romantraditionen bedient. Im *Johannes-Apokryphon*, einer teleologisch bestimmten Geschichtsdeutung aus dem 3. Jh. n. Chr., die den christlichen Glauben als eschatologische Existenz begreift, werden ebenfalls apokalyptische Bilder und Symbole wie die Äonenlehre, die Vorstellung eines himmlischen Thronsaals und die Entfaltung einer ausgeprägten Angelologie und Dämonologie verwendet. In Gestalt eines Offenbarungsgesprächs zwischen Christus und dem Zebedaiden Johannes (vgl. Mk 1,19) entfaltet der Verfasser dieses Textes die – im Dualismus der Apokalyptik gründende – Gegenbewegung zwischen der von ihm in pessimistischer Weise wahrgenommenen innerweltlichen Situation und Gottes machtvollem Handeln, das allein Rettung zu bewirken vermag. Die dem 7. Jh. n. Chr. entstammende *syrische Danielapokalypse*, die eine ausführliche visionäre Schilderung des endzeitlichen Geschehens enthält, ist ein eindrückliches Zeugnis der apokalyptischen Literatur der syrischen Kirche, das zahlreiche sprachliche und inhaltliche Gemeinsamkeiten mit antiken jüdischen apokalyptischen Texten aufweist. In kirchlichen Schriftenverzeichnissen erwähnt werden schließlich auch eine *Bartholomäusapokalypse*, ferner *Marienapokalypsen*, eine *Stephanusapokalypse* und eine *Zachariasapokalypse*.

Christliche Überarbeitungen und Fortschreibungen jüdischer Apokalypsen

Die reiche Bildwelt der apokalyptischen Literatur und die mit ihr einhergehende Offenheit der jüdischen Apokalypsen erlaubte ihre Aktualisierung und Fortschreibung auch außerhalb ihrer ursprünglichen Entstehungssituation. So wurden die ethischen Belehrungen und Endzeitszenarien in den zwölf Büchern der *sibyllinischen Orakel* bereits seit dem 1. Jh. n. Chr. auch im Christentum weitertradiert und dabei eingehend bearbeitet. Hiervon betroffen sind vor allem Teile der Bücher 1 und 2. Als von christlicher Hand durchgehend überarbeitet gelten die Bücher 6 bis 8. Besonders deutliche Beispiele für eine solche Einfügung christlichen Gedankenguts in den Grundbestand der jüdischen Sibyllinen (s. o. 67 ff.) sind Sib 2,240-244, wo vom Richten des Messias auf dem himmlischen Thron zur Rechten Gottes die Rede ist, Sib 1,324-386, wo das Christusgeschehen eine Ausgestaltung in apokalyptisch-eschatologischen Bildern erfährt, und Sib 8,217-250, wo eine eschatologische Christophanie in der Form eines Akrostichons ausgebreitet wird.

Die Erweiterung eines älteren Textes ist auch die nur in äthiopischen Handschriften vollständig erhaltene *Himmelfahrt Jesajas*. Auf der Grundlage einer (unapokalyptischen) jüdischen literarischen Darstellung des Martyriums des Propheten Jesaja erzählt die frühestens in der zweiten Hälfte des 2. Jhs. n. Chr. im syrischen Raum entstandene christliche apokalyptische Schrift, wie Jesaja von einem Engel in den siebten Himmel geführt wird, wo ihm die zukünftigen Geschehnisse von der Menschwerdung des (im Himmel bereits präexistenten) Erlösers bis hin zu seiner (als Wiederaufstieg zu Gott gedeuteten) Parusie enthüllt werden. Die auf das 2. Jh. n. Chr. zu datierenden christlichen Hinzufügungen zweier vorangehender (*5. Buch Esra*) und zweier folgender (*6. Buch Esra*) Kapitel an die jüdische Grundschrift des 4. Buches Esra (s. o. 75 ff.) entfalten mittels apokalyptischer Motive einige Aspekte der Behauptung einer heilsgeschichtlichen Ablösung des Judentums durch die christliche Kirche. Im 5. Buch Esra werden – im Sinne eines Trostbuches – die zukünftige Verwerfung Israels und die Erwählung und kommende Belohnung der christlichen Gemeinde kontrastiert; das 6. Buch Esra beschreibt den gewaltsamen Niedergang dieses Äons, enthält eine literarisch stilisierte Gerichtsankündigung über alle Sünder und bietet Trost für das neue Gottesvolk der Endzeit. In der *griechischen Esraapokalypse*, die zwar in enger Anlehnung an das 4. Buch Esra gestaltet ist, mit diesem aber nicht verwechselt werden darf, wird Esra auf seiner Jenseitsreise durch Himmel und Hölle Zeuge des endzeitlichen Ergehens der Gerechten und der Sünder. Das zwischen dem 3. und 5. Jh. n. Chr. entstandene Buch, das seine Leser zu frommem Vertrauen auf Gottes unergründlichen Heilswillen anleiten will, weist durchweg inhaltliche Bezüge auf die neutestamentlichen Schriften auf, die es mit Vorstellungen aus dem Traditionsbereich der jüdischen Apokalyptik verbindet. Möglicherweise erweitert auch die *Apokalypse Elias*, ein in koptischen Manuskripten tradierter Text aus dem 3. Jh. n. Chr., einen ursprünglich jüdischen Grundbestand; sie bietet dabei eine ausführliche Beschreibung der dem Propheten Elia in Auditionen mitgeteilten Ereignisse der Endzeit. Der Text enthält deren Ankündigung durch kosmische Zeichen und schildert das Auftreten eines missgestalteten Antichrist und seine Niederlage im Kampf mit den Heiligen und Engeln Gottes, das Kommen des Messias sowie die finale Heilszeit, einen neuen Himmel und eine neue Erde.

Literatur

Becker, Michael / Öhler, Markus (Hg.), Apokalyptik als Herausforderung neutestamentlicher Theologie (WUNT II 214), Tübingen 2006.

7

Apokalyptische Weltdeutungen und Bewegungen in Geschichte und Gegenwart

Während apokalyptische Formen und Inhalte von den christlichen Autoren der ersten Jahrhunderte durchweg rezipiert wurden und dabei eine christologisch fundierte Neukontextualisierung erfuhren, bedeutete die Auseinandersetzung mit gnostischen und enthusiastischen Gruppierungen an den Rändern der Großkirchen zugleich eine sukzessive Verdrängung der apokalyptischen Vorstellungswelt. Im mittelalterlichen Christentum wurden apokalyptische Traditionen und Motive insbesondere mit populären millennaristischen Endzeiterwartungen verbunden und zumeist zu katechetischen Zwecken instrumentalisiert. Zugleich stellte die apokalyptische Eschatologie einen wesentlichen Impuls für das wissenschaftliche Erkenntnisstreben dar. Auch während der Reformationszeit wurden Aspekte der Gegenwart in endzeitlichen Kategorien gedeutet. In Reaktion auf die Aufklärung in Europa kam es seit dem 18. Jh. zu einer allgemeinen Verdrängung apokalyptischer Ideen. Zugleich bedienten sich seitdem zahlreiche religiöse Sondergemeinschaften in identitätstiftender Weise der apokalyptisch-eschatologischen Vorstellungswelt. Im gegenwärtigen Gebrauch des Apokalyptikbegriffs ist zu unterscheiden zwischen seiner transzendenzlosen säkularen Verwendung und seinem spezifisch christlichen Gebrauch zur Bezeichnung eines sinnstiftenden Hoffnungsentwurfs.

Alte Kirche

»*[Christus] kam zu mir (…) in Gestalt einer Frau und in leuchtendem Gewand und legte in mich seine Weisheit und offenbarte mir, dass dieser Ort heilig sei und hierhin das himmlische Jerusalem herabkommen werde.*« Epiphanius, Arzneikasten 49,1

»*Im phrygischen Mysien soll es ein Dorf geben namens Ardabau. Dort soll (…) ein Mann mit Namen Montanus (…) in unbändigem Verlangen nach der Führung [in der Gemeinde] dem Widersacher bei sich Zutritt gewährt haben, sodass er, vom [bösen] Geist ergriffen, plötzlich in*

Verzückung und außer sich geriet und dabei ekstatische, unverständliche Laute ausstieß und in einer Weise zu prophezeien begann, die dem alten, durch Tradition und Sukzession verbürgten kirchlichen Herkommen (...) offenkundig widersprach.« Eusebius, Kirchengeschichte 5,16,7

Die Apokalyptik war in der Alten Kirche weder ein bloßes Randphänomen noch war sie integraler Bestandteil verbreiteter Theologie und Frömmigkeit. Zwar wurden die meisten apokalyptischen Schriften von den Großkirchen nach und nach verworfen, aber trotzdem wurden zahlreiche der in ihnen enthaltene Gedanken und Bilder aufgegriffen.

Die Rezeption traditioneller apokalyptischer Themen, Motive und literarischer Elemente im Christentum seit dem 3. Jh. n. Chr. war in erster Linie durch ihr Vorkommen in den älteren frühchristlichen Texten bestimmt, die ihrerseits im Verlauf des Kanonisierungsprozesses zu Bestandteilen der verbindlichen Sammlungen kirchlicher heiliger Schriften wurden. Christliche Apokalypsen wie die Petrusapokalypse (s.o. 109f.) tauchten wiederholt in frühen Kanonverzeichnissen auf, wenngleich sie zumeist keine dauerhafte Geltung beanspruchen konnten. Selbst die neutestamentliche Johannesoffenbarung fand erst im 4. Jh. n. Chr. Eingang in den Kanon der westlichen Kirche. Keine andere christliche Schrift hatte es schwerer; in den Kirchen des Ostens ist die Johannesoffenbarung bis heute in ihrer Geltung und liturgischen Bedeutung heftig umstritten.

Die christlichen Autoren der ersten sechs Jahrhunderte integrierten zahlreiche apokalyptische Vorstellungen in ihre – zumeist wesenhaft unapokalyptische – Theologie und insbesondere in ihre eschatologischen Entwürfe. Normierender und übergeordneter Rahmen dieser Integration blieb jedoch zumeist die jeweilige Christologie. Eine besonders deutliche Rezeption erfuhren dabei die Periodisierung der Weltgeschichte, die Gestalt des Antichrist und das Schicksal der Gerechten und Sünder im Himmel und in der Hölle. Die Gegenwart wurde zur Zeit der aktiven Vorbereitung auf das endzeitliche Heil. Periodisch auftretende Christenverfolgungen und Martyriumserfahrungen aktivierten das in den alten Erlösungs- und Vergeltungsbildern der apokalyptisch-eschatologischen Vorstellungswelt angelegte hoffnungstiftende Potential zur Bewältigung der durch diese Verfolgungszeiten ausgelösten Theodizeefrage. Apokalyptische Bilder der widergöttlichen Macht und ihrer Bestrafung konnten auf das feindliche römische Imperium übertragen werden. Einige Kirchenschriftsteller des 4. Jhs. n. Chr. wie Tyconius und Augustinus verbanden die apokalyptisch-eschatologische Vorstellung vom tausendjährigen Reich (*Millennarismus*) mit der begrenzten Zeit der Kirche in der Welt von der Geburt Jesu bis zur Parusie. Dies bedeutete die Verlagerung eines Elements der Endzeit in den Geschichtsverlauf dieser Welt und ermöglichte (unbeschadet der eigentlich mythenkritischen Einstellung beider Kirchenschriftsteller) die datierende Berechnung ihres Untergangs.

Mit der weitgehenden Christianisierung Roms seit Kaiser Theodosius (reg. 379–395 n. Chr.) entfiel eine wesentliche Funktion der christlichen Apokalyptik. Zugleich provozierten »verketzerte« binnenchristliche Gruppierungen wie der Montanismus seit dem Ende des 2. Jhs. n. Chr. eine »rechtgläubige« großkirchliche Gegenreaktion zuungunsten der Apokalyptik. So waren die ethischen Forderungen der montanistischen Bewegung getragen von ihrer verschärften Parusieerwartung, von dem Selbstverständnis ihrer charismatischen prophetischen Begabung und von ihrem Anspruch, bereits in der Gegenwart die letztgültige Gottesoffenbarung in autoritativer Weise zu verkünden. Infolge der durch den Montanismus und vergleichbare enthusiastische Bewegungen ausgelösten zunehmenden großkirchlichen Skepsis gegenüber zeitlich gefassten apokalyptisch-eschatologischen Vorstellungen wie spekulativen Endweissagungen, visionären Offenbarungen, phantastischen Himmelsreisen oder einem kosmischen Dualismus wurden die apokalyptischen Schriften ebenso wie gnostische Traditionen (s. u.) nach und nach aus dem christlichen Traditionsbestand verdrängt und hier bald nur noch randständig überliefert.

Apokalyptik und Gnosis

Mit dem griechischen Begriff *Gnosis* (»Wissen«, »Erkenntnis«) bezeichnet man ein religionsgeschichtliches Phänomen der jüdischen und christlichen Spätantike, das auf dem unauflösbaren Zusammenhang von Erlösung und Erkenntnis in seiner theologischen, kosmologischen und anthropologischen Dimension basiert. Allgemeine Grundstrukturen der heterogenen gnostischen Denksysteme sind die kategorische Unterscheidung zwischen der materiellen, geschaffenen Welt und der radikalen Transzendenz Gottes sowie die einschränkungslos negative Betrachtung der Schöpfung und der Existenz in der Welt als solcher, die ihrerseits für den Gnostiker gekennzeichnet ist durch einen allgemeinen Mangelzustand des Nichtwissens und des Vergessens. Vor diesem Hintergrund strebt das gnostische Denksystem nach einer radikalen Überwindung der Welt mittels der heilsnotwendigen Erkenntnis sowohl der protologischen Schöpfungsgeheimnisse als auch des »reinen« göttlichen Anteils im Menschen selbst.

Kontrovers diskutiert wird die Frage nach der Intensität des Zusammenhangs zwischen Gnosis und Apokalyptik. Bereits ein oberflächlicher Vergleich apokalyptischer und gnostischer Schriften zeigt zahlreiche Analogien hinsichtlich der verwendeten Motive, literarischen Formen und inhaltlichen Elemente. Ebenso werden einige der in dem ägyptischen Ort *Nag Hammadi* gefundenen spätantiken gnostischen Texte (*Adamapokalypse, Petrusapokalypse, Paulusapokalypse,* zwei *Jakobusapokalypsen*) in ihrem Titel explizit als Apokalypsen bezeichnet. In gnostischen Texten begegnen durchweg originär apokalyptische Bilder und Symbole: Zu nennen sind die Äonenaufteilung der Weltgeschichte, der schroffe Dualismus sowohl zwischen Gott und Mensch als auch zwischen oberer und irdischer – völlig gott- und heilloser – Welt, kosmische Aufstiege und Himmelsreisen bis in den göttlichen Thronbereich, der exklusive Empfang höheren Wissens und jenseitiger Offenbarung durch eine Mittlergestalt, überweltliche Liturgien, Begegnungen mit Engeln und Dämonen, Konflikte in der jenseitigen Welt sowie Schilderungen der Endzeit in apokalyptischen Szenarien. Diese Gemeinsamkeiten betreffen nicht nur die literarische, sondern auch die religionssoziologische Ebene, denn sowohl die Apokalyptik als auch die Gnosis scheinen an der Abwertung des Verhaltens der Außenwelt und an der Markierung einer stabilen Außengrenze ihrer jeweiligen Trägerkreise interessiert.

Den Gemeinsamkeiten der beiden religiösen Denksysteme stehen einige gravierende – insbesondere textpragmatische – Differenzen gegenüber. Die traditionelle Apokalyptik beharrt auf der Einheit von Schöpfer- und Erlösergott, während die Gnosis den apokalyptischen Kampf gegensätzlicher jenseitiger Mächte vom Ende der Zeit auf ihren Anfang projiziert. Der für die Gnosis kennzeichnende Gegensatz zwischen Materie und Geist spielt in antiken apokalyptischen Texten hingegen kaum eine Rolle. Andererseits zielen die gnostischen Schriften zumeist nicht auf Ethik und Weltverbesserung. Politische, gesellschaftliche und soziale Implikationen der offenbarten Erkenntnis kommen im Zusammenhang ihrer realisierten (bzw. invertierten) Eschatologie nicht in den Blick, weil sie allein an der Wiederherstellung des vorgeschichtlichen Urzustands interessiert sind. Der Gnostiker will die geschichtliche Welt eigentlich nicht verändern, sondern grundsätzlich verlassen, was sich zuweilen in einer radikalen asketischen Lebensführung äußert. Anzumerken ist hier auch, dass einerseits gnostische Schriften wie die Thomasapokalypse keine Eschatologie im eigentlichen Sinne enthalten und dass gerade die neutestamentliche Johannesoffenbarung im frühesten Kanon des römischen Gnostikers Marcion (85–144 n. Chr.) fehlt.

Apokalyptik und Gnosis berühren sich, aber es besteht zwischen ihnen kein genetischer Ursprungszusammenhang. Die Differenzen zwischen beiden religiösen Systemen betreffen sowohl die unterschiedlichen Ansätze der theologischen, kosmologischen und anthropologischen Reflexion als auch ihre unterschiedlichen perlokutionären Effekte. Die Gnosis hat sich neben anderen Quellen auch der apokalyptischen Literatur des antiken Judentums und des frühen Christentums bedient und sie dabei tiefgreifend modifiziert.

Literatur

Gruenwald, Ithamar, From Apocalypticism to Gnosticism (BEAT 14), Frankfurt/Main u.a. 1988.

Krause, Martin, Die literarischen Gattungen der Apokalypsen von Nag Hammadi, in: Hellholm, David (Hg.), Apocalypticism in the Mediterranean World and the Near East, Tübingen 1989, 621–637.

Mittelalter

»*Sobald das Blut des Elias auf den Boden tropft, dann geraten die Berge in Brand, nicht ein Baum bleibt auf der Erde stehen, die Wasser trocknen aus, das Moor versiegt, es schwellt in Lohe der Himmel, der Mond fällt herab, Mittelgart verbrennt, kein Stein bleibt stehen. Dann kommt der Tag der Strafe ins Land, er kommt mit Feuer die Menschen aufzusuchen: da vermag kein Verwandter dem anderen vor dem Weltenbrand zu helfen.*« Muspilli, 50-58

Vor dem Hintergrund der seit Augustinus (s.o. 117) zunehmend verbreiteten Deutung der Geschichte der christlichen Kirche als Zeitraum zwischen der Menschwerdung Christi und der Parusie spiegeln sich auch in der Rezeption apokalyptischer Traditionen und Motive die politischen, gesellschaftlichen und religiösen Umwälzungen im abendländischen Mittelalter wider. Gerade in unruhigen und unsicheren Krisenzeiten kam es dabei immer wieder zu einer aktualisierenden Indienstnahme dieser Traditionen als Deutungsschlüssel für gegenwärtige Situationen und auch zum wiederholten Aufflammen apokalyptischer Bewegungen, die glaubten, am unmittelbaren Ende der Geschichte zu stehen. Die Wende zum 2. christlichen Jahrtausend bedeutete eine starke Intensivierung dieser millennaristischen Endzeiterwartungen und führte überall in Europa zur Popularisierung diffuser Weltuntergangsängste. Später trugen auch die Reformbewegungen innerhalb des christlichen Mönchtums und die Kreuzzugsbewegung Züge der präsentischen Realisation einer künftigen heilvollen Welt.

Zugleich wurden die christlichen apokalyptischen Überlieferungen auch zu einem Fundus der kirchlichen Lehrunterweisung. Zahlreiche mittelalterliche christliche Autoren bedienten sich sowohl der Formen als auch der eschatologisch bestimmten Inhalte der apokalyptischen Literatur und gestalteten ihre eigenen Werke als Visions-, Traum- oder Auditionsberichte, um ihre Leser zur Einsicht ihrer Schuld, zur Buße und zur Umkehr zu motivieren. Im vierten Buch der *Dialogi* Gregors

d. Gr. (ca. 540–604) findet sich eine solche Sammlung von ausführlichen Jenseitsvisionen, deren vordringliche Funktion die Bekräftigung des Glaubens an die postmortale Existenz und an das vergeltende Endgericht ist. Hierbei findet die Vorstellung vom die Seelen reinigenden Fegefeuer ihre erste ausführliche Erwähnung. Auch die *Visio Wettini* des Reichenauer Mönchs Wahlfried (9. Jh.) will ihre frommen Leser zur Buße anleiten, indem sie ihnen von visionären Erfahrungen und Traumvisionen ihres Verfassers berichtet, der, von einem Engel durch das Jenseits geführt, Zeuge der grausamen Strafqualen der Sünder wurde. Im *Muspilli*, einer um 870 entstandenen althochdeutschen Dichtung, wird das Schicksal der verstorbenen Menschen in Himmel und Hölle geschildert, von einem Kampf des Propheten Elia mit dem Antichrist berichtet und das Endgericht dargestellt. Das poetische Werk endet mit dem Hinweis auf die umfassende sühnende Wirkung von Almosen und Fasten. Der *Liber visionum* des Regensburger Mönchs Otloh von St. Emmeran (Mitte 11. Jh.) enthält ähnliche visionäre Jenseitsberichte und Höllenvisionen. Eine weitere mittelalterliche Angstkatechese, die ebenfalls um 1150 in Regensburg verfasste *Visio Tnugdali*, bietet in ihrer Rahmenerzählung den irischen Ritter Tnugdalus als fiktiven Offenbarungsempfänger auf. In dem Werk verbindet sich altirisches Traditionsgut mit der christlichen apokalyptisch-eschatologischen Tradition. Der englische *Tractatus de Purgatorie Sancti Patricii* (ca. 1170–1190) bietet das nachahmenswerte Beispiel des Ritters Ortwein, der nach einer wunderbaren Himmelsreise aufgrund seiner dortigen beeindruckenden Paradies- und Höllenerfahrung zur monastischen Lebensführung konvertierte. In der *Visio Godeschalci* (um 1190) wird von ähnlichen Erlebnissen des Bauern Gottschalk während seiner Wanderungen ins Jenseits berichtet. Auch hier verschmilzt altnordisches und christliches Erzählgut. Zu erwähnen sind ferner die Visionsberichte mittelalterlicher *Mystikerinnen* wie Elisabeth von Schönau (12. Jh.), Hildegard von Bingen (12. Jh.), Gertrud von Helfta (13. Jh.) oder Mechthild von Magdeburg (13. Jh.).

Von besonderem Interesse ist die apokalyptische Geschichtsdeutung des kalabrischen Theologen *Joachim von Fiore* (ca. 1130–1202), der für das Jahr 1260 den Weltuntergang vorausberechnete. Sein optimistischer Geschichtsdeterminismus und seine spekulative Endzeitterminierung gründeten in millennaristischen Vorstellungen, interpretierten diese aber in besonderer Weise, indem sie die gesamte Weltgeschichte (in Entsprechung zum Trinitätsdogma) in drei einander überschneidende Zustände der Weltzeit einteilten. Die letzte dieser drei Perioden, das »dritte Reich«, bedeutete für ihn zugleich die bestimmende Wahrnehmung seiner Gegenwart als Vorabend des finalen Höhepunktes der Geschichte. Ein Jahrhundert später sagte *Konrad Schmid* aus Thüringen, der Anführer einer asketisch-enthusiastischen Geißlerbewegung, den Weltuntergang für das Jahr 1369 voraus, und auch die *Taboriten*, der radikale Flügel der von dem böhmischen Theologen Jan Hus (ca. 1370–1415) gegründeten kirchlichen Reformbewegung, erwarteten die unmittelbar bevorstehende Aufrichtung des Reiches Christi auf Erden.

Eine besondere Rezeptionsform der Apokalyptik im mittelalterlichen Christentum waren die *Antichristspiele*. In diesen öffentlichen schauspielerischen Aufführungen wurden volkstümliche heilsgeschichtliche Endzeitpanoramen in ebenso erbaulicher wie unterhaltsamer Form dargestellt und mit der Suche nach Spuren des personalen Gegenchrist der Endzeit in der eigenen Gegenwart bzw. mit der eschatologischen Deutung zeitgenössischer (oft lokaler) Ereignisse verknüpft. Die Überzeugung vom drohenden Weltuntergang war schließlich auch eine impulsgebende Herausforderung der mittelalterlichen Wissenschaften, denn sie stimulierte eine immer umfassendere Welterkenntnis auf allen Gebieten. Um nämlich verlässliche Informationen über das Datum des Weltuntergangs zu erhalten, mussten alle verfügbaren Wissensquellen erschlossen werden. Sowohl die philologische Textanalyse als auch die Astrologie und Kalenderberechnung profitierten immens von diesem Streben nach der präzisen Beantwortung der Frage nach dem Termin des Weltendes und der Wiederkunft Christi.

Reformationszeit

> *»Ich glaube insgesamt, dass der Papst der Antichrist ist, oder wenn jemand den Türken hinzurechnen will, so ist der Papst der Geist des Antichrist und der Türke sein Körper. Sie helfen beide einander würgen, dieser mit Körper und Schwert, jener mit Lehre und Geist.«* Martin Luther, Tischreden (WA, TR 1, 135)

Der Übergang vom ausgehenden Mittelalter zur Neuzeit im 15. und 16. Jh. war geprägt von einer Zurückdrängung apokalyptischer Ideen durch gebildete humanistische Denker und gleichzeitig einem verstärkten endzeitlichen Bewusstsein und einer intensivierten geschichtsapokalyptischen Erwartungshaltung in weiten Teilen der christlichen Bevölkerung, ausgelöst durch die Erfahrungen von alltäglichem Mangel, Naturkatastrophen, Pestepidemien, äußeren Bedrohungen und Kriegen und beeinflusst von Krisen des Wirtschaftslebens und der kirchlichen Autorität. Die Gegenwart wurde von vielen Menschen verstärkt in endzeitlichen Kategorien gedeutet; das zeitgenössische kirchliche Bußwesen beförderte zugleich ihre Furcht vor der individuellen Verdammung im drohenden Endgericht Gottes. Bezugnahmen auf apokalyptisch-eschatologische Vorstellungen hinsichtlich des nahen Weltendes und seiner sichtbaren Vorzeichen begegneten nun gehäuft in theologischen Traktaten, Polemiken und spekulativen Schriften wie den naturphilosophischen Werken des *Theophrastus von Hohenheim* (*Paracelsus*; 1493–1541) oder den rätselhaften altfranzösischen Almanachen des *Michel de Nostredame* (*Nostradamus*; 1503–1566), aber auch in zahlreichen volkstümlichen Flugschriften der Zeit.

Auch der Reformator *Martin Luther* (1483–1546), dessen Denken durchweg geprägt durch die spätmittelalterliche Theologie und beeinflusst durch die zeitgenössische Volksfrömmigkeit war, war vom raschen und nahen Ende der Weltgeschichte und vom eigenen geschichtlichen Standpunkt in ihrer letzten Periode überzeugt. Das Verhältnis Luthers zur Apokalyptik ist recht ambivalent. Zwar fällte der Wittenberger Reformator wiederholt negative und zuweilen entschieden polemische Sachkritik an manchen antiken jüdischen und frühchristlichen apokalyptischen Schriften (z. B. 4. Esr; Apk), doch erkannte er den inspirierten Charakter der biblischen Texte als vorzeitigen Weissagungen künftiger Geschehnisse durchweg an. Ebenso hielt er an traditionellen apokalyptischen Formen und Inhalten wie der periodisierenden Gliederung der Geschichte und einem göttlichen Heilsplan, der Weissagung zukünftiger Geschehnisse, der Wahrnehmung fremder Völker als Werkzeugen des göttlichen Strafhandelns und dem Endkampf zwischen Christus und seinem bösen Widersacher fest. Es ist hierbei nicht uninteressant, dass er die Wartburg, wo er im Jahre 1521 das Neue Testament ins Deutsche übersetzte, in Anspielung auf Apk 1,9 als »mein Patmos« bezeichnete (WA, B 2, 355).

Luther betrachtete die seiner eigenen Zeit vorangehenden Jahrhunderte in seiner Auslegung von 2. Thess 2 als die Periode des Aufstiegs und der Herrschaft des Antichrist, der in Gestalt der Institution des Papsttums in die Kirche eingedrungen war. Die Römische Kirche wurde von ihm zugleich mit der »Hure Babylon« (Apk 17) und die Europa bedrohenden Türken mit der Rute des göttlichen Zorns in den letzten Tagen gleichgesetzt. Seine eigene Gegenwart interpretierte Luther als die der baldigen Parusie vorangehende Periode der Aufdeckung und der nahen Vernichtung des endzeitlichen Gegenspielers Christi, gegen den nun der entscheidende Endkampf zu führen sei. Dabei wies er sich selbst eine aktive und entscheidende Rolle in diesem Endgeschehen zu, indem er durch sein eigenes Handeln die reine und ursprüngliche christliche Lehre wieder aufzurichten und den Antichrist endgültig zu entlarven beabsichtigte. Dieses entschieden apokalyptisch-eschatologische Selbstbewusstsein des Reformators wurde von seinen Anhängern nach seinem Tod fortgeführt und erweitert, indem sie ihn entweder als Gottes Werkzeug, als einen Apostel, als den wiedergekommenen Propheten Elia oder gar als den Verkündungsengel aus Apk 14,6 betrachteten.

Eine überaus hohe Bedeutung kam den endzeitlichen Erwartungen der apokalyptischen Vorstellungswelt auch im Denken radikalreformatorischer Gruppierungen und Strömungen zu, dem sogenannten »linken Flügel« der Reformation. Das angespannte Bewusstsein von der Nähe des Weltendes und die tröstende Hoffnung auf ein baldiges vernichtendes Strafgericht über alle Sünder (bzw. die Herausnahme der eigenen inspirierten Gemeinschaft aus diesem endzeitlichen Unheilsgeschehen) wurden zu zentralen Aspekten der Lehren der als »Zwickauer Propheten« bezeichneten Schwärmergruppen, des engagierten sozialrevolutionären Predigers *Thomas Müntzer* (1489–1525), der Täuferbewegung, der niederdeutschen Melchioriten und – in besonders eindrücklicher Weise – der Initiatoren des *Täuferreiches von Münster* (1533–1534). Ihr letztendlich blutig niedergeschlagener radikaler Versuch, die endzeitlichen Heilsereignisse in ihrem eigenen gemeinschaftlichen Handeln zu verwirklichen, ist ein besonders prägnantes Beispiel für den Versuch einer millennaristisch inspirierten Weltgestaltung.

Neuzeit und Moderne

> *»Sehen wir die heilige Schrift an, so haben wir nicht zu zweifeln, dass Gott noch einigen besseren Zustand seiner Kirche hier auf Erden versprochen habe.«* Philipp Jakob Spener, Pia Desideria, 43

Die konfessionellen Auseinandersetzungen zu Beginn der Neuzeit und der dreißigjährige Krieg (1618–1648) beförderten in ganz Europa die gruppenspezifische Gegenwartsdeutung verfolgter religiöser Minderheiten und isolierter Diasporagemeinden durch den Rückgriff auf die alten hoffnungstiftenden Erlösungsbilder der apokalyptischen Eschatologie. Von den zahlreichen während dieser Epochen entstandenen Prognostiken des Endtermins sind beispielhaft zu nennen die spekulativen

Werke *Jakob Böhmes* (1575–1624), in denen millennaristische Vorstellungen mittels apokalyptischer Bilder und Schlüsselbegriffe entfaltet werden. Auch namhafte Vertreter des Pietismus wie *Philipp Jakob Spener* (1635–1705) und *Johann Albrecht Bengel* (1687–1732) bedienten sich der apokalyptischen Vorstellungswelt. Speners geschichtsoptimistische Umformung der reformatorischen Eschatologie in eine innergeschichtliche Zukunftserwartung des kommenden Gottesreiches in der vollkommenen Kirche dieser Welt, an deren Gestaltung jeder einzelne Gläubige bereits in der Gegenwart aktiven Anteil zu haben vermag, beabsichtigte eine erweckende Stärkung des individuellen Glaubens, der christlichen Bildung und der Frömmigkeitspraxis. Bengels – von seinen Schülern rasch popularisierte – Deutung der heilsgeschichtlichen Chronologie im Licht biblischer Offenbarungen führte ihn zu der Überzeugung, in der neutestamentlichen Johannesoffenbarung sei der Verlauf der gesamten Kirchengeschichte als Teil des Planes Gottes mit der Welt enthalten und ersichtlich. Der schwäbische pietistische Theologe stellte auf dieser Grundlage ebenso scharfsinnige wie ausführliche Berechnungen über den Anbruch des tausendjährigen Reiches und den Termin der Parusie an, den er auf den 18. Juni 1836 vorausbestimmte.

Der im 18. Jh. einsetzende und rasch fortschreitende Prozess der Aufklärung und Säkularisierung in Westeuropa bzw. die hiermit einhergehende Orientierung an der menschlichen Vernunft sowie die Entwicklung einer historisch-kritischen Theologie und Exegese bedeuteten eine allgemeine Verdrängung der apokalyptischen Vorstellungen. Vor dem Hintergrund der entstehenden modernen Naturwissenschaft wurde das traditionelle antike Weltbild als Träger apokalyptischer Endgerichts- und Paradiesvorstellungen zunehmend problematisch, und es verbreitete sich eine entschiedene Distanzierung sowohl von futurischen und jenseitigen Endzeiterwartungen als auch von bildhaft-konkreten Vorstellungen über die »letzten Dinge«. An die Stelle der glaubenden Vorstellung von einem definitiven Ziel der Geschichte rückte – als ihr rationales Pendant – der positive Fortschrittsgedanke; an die Stelle der Hoffnung auf ein einmaliges heilstiftendes Eingreifen Gottes trat die vernunftgeleitete Zuversicht auf eine menschenmögliche und unbegrenzte innergeschichtliche Verbesserung der irdischen Verhältnisse. Bei *Immanuel Kant* (1724–1804), der die apokalyptisch-eschatologische Tradition durchweg als irrational und unwissenschaftlich betrachtete, wurde die Vorstellung vom Weltuntergang einer teleologisch ausgerichteten Moralität untergeordnet. Hinsichtlich ihrer Funktion auf eine bloße Warnung vor den Konsequenzen verfehlten

Handelns reduziert, dient sie ihm nunmehr allein zur Motivierung einer ethischen Paränese.

Die Vertreter der vorherrschenden rationalistischen theologischen Entwürfe des 19. und frühen 20. Jhs. wie *Heinrich Julius Holtzmann* (1832–1910) oder *Julius Wellhausen* (1844–1918) distanzierten sich generell von apokalyptischen Ideen. Von der traditionellen futurischen Eschatologie blieb hier zumeist nur noch die Unsterblichkeitshoffnung jenseits der Geschichte übrig. Allein die Tatsache, dass das in der apokalyptischen Literatur immer wieder angekündigte Weltende bisher in keinem Fall eingetreten war, wurde dabei als grundlegender und offensichtlicher Beweis für die prinzipielle Irrealität und Insuffizienz der spekulativen apokalyptischen Vorstellungswelt herangezogen. Man betrachtete diese Vorstellungswelt nunmehr als falsifizierbaren Ausdruck eines vormodernen Weltbildes, als restaurative Gesellschaftskritik, als fromme Kompensation erlittener Enttäuschungen oder als bloßes Produkt menschlicher Träume, Wunschbilder und Phantasien. Letztendlich galt sie vielen liberalen Theologen als eine Art degenerative Verfallserscheinung einer alten Religion. Theologische Denker des 20. Jhs. wie *Rudolf Bultmann* (1884–1976) rezipierten die der Apokalyptik entlehnte Vorstellung einer Gegenüberstellung von Geschichte und Offenbarung, betrachteten die apokalyptische Eschatologie jedoch insgesamt als eine periphere und unangemessene Auffassung der christlichen Glaubensverkündigung, die sich durch das Ausbleiben der Parusie eigentlich von selbst erledigt habe. Dagegen betonen neuzeitliche Theologen wie *Jürgen Moltmann* (geb. 1926) eine prinzipielle Berechtigung des apokalyptischen Denkens, die darin begründet ist, dass allein dieses in der Lage ist, die kosmische Dimension der menschlichen Hoffnung zu thematisieren und begreifbar zu machen.

Apokalyptische Vorstellungen fanden auch Eingang in die säkulare politische Welt. Das Motto *Novus ordo seclorum* (»Eine neue Ordnung der Zeitalter«) auf der Rückseite des offiziellen Dienstsiegels der U.S.A. betrachtet die amerikanische Unabhängigkeitserklärung des Jahres 1776 im Sinne einer periodisierenden Gliederung der gesamten Weltgeschichte als den Anbruch eines neuen Zeitalters des Friedens. Bei *Karl Marx* (1818–1883) und seinem historischen Materialismus begegnen sowohl ein rigider gesellschaftlicher Dualismus als auch eine deterministische Geschichtsdeutung, die nach dem apokalyptisch-eschatologisch geprägten Muster »Defizienz – Umsturz – Fülle« zu einer ontologischen Veränderung der Welt, zu einem totalen Zusammenbruch der bestehenden Verhältnisse und schließlich zu einer diesseitigen erlösenden Heilszeit führen sollte, nämlich der klassenlosen Gesellschaft. Auch der totalitäre ideologische Welt- und Geschichtsentwurf des *Nationalsozialismus* birgt die Vorstellung eines determinierten heilsgeschichtlichen Ablaufs auf der Basis traditioneller apokalyptischer Denkstrukturen und Motive, deutlich erkennbar insbesondere in der anmaßenden utopischen Proklamation des gegenwärtigen »tausendjährigen Reiches« bzw. des »dritten Reiches« als Endzustand der deutschen und universalen Geschichte.

Wirkungsgeschichte und Auslegung der Johannesapokalypse

Die breitgefächerte und bis heute ungebrochene Wirkungsgeschichte der neutestamentlichen Johannesoffenbarung fand ihren Ausdruck nicht nur im christlichen religiösen Schrifttum und in der kirchlichen Literatur, sondern auch in Kunst, Architektur, Musik und Theater. Hunderte religiöse Schriften griffen ihre Form und Thematik auf und führten sie aktualisierend weiter; zahllose Kommentare, Meditationen und Predigten gründeten auf ihren Inhalten. Jeder in diesen Texten vertretene eschatologische Entwurf kann als ein eigenes Stück Auseinandersetzung mit der antiken Vorlage gelten. In den Kanonverzeichnissen der westlichen Kirche wurde das Buch seit dem 4. Jh. n. Chr. programmatisch an den Schluss gestellt, weil man ihm die Bedeutung eines Ausblicks auf das Endgericht und die Heilszeit zuwies. Von Anfang an regte der Bilderreichtum der Johannesapokalypse auch die fromme Phantasie an und lieferte reiches Vorstellungsmaterial für die christliche *Volksfrömmigkeit*.

Obgleich die Kirchen des Ostens die Apostolizität der Schrift bestritten und sie deshalb kaum rezipiert haben und obwohl auch nur wenige ihrer Abschnitte Eingang in die *Liturgie* der römischen Kirche gefunden haben, wurde zum einen der in Apk 4,8 gepriesene *Christus Pantokrator* zum zentralen Leitbild der ostkirchlichen Christologie und prägte zum anderen die Gestalt der Himmelsfrau aus Apk 12,1-18 die katholische Marienverehrung. Zahlreiche Kirchenlieddichter aller Konfessionen ließen sich vom letzten Buch der christlichen Bibel inspirieren. Bedeutende *Dichtungen* wie die »Göttliche Komödie« *Dante Alighieris* (1265–1321), *Schauspiele* wie die Tragödie »Die Letzten Tage der Menschheit« von *Karl Kraus* (1874–1936) und Romane wie »Die Rättin« von *Günter Grass* (geb. 1927) adaptierten seine Bildwelt. Von besonderer Intensität ist die Verarbeitung der Johannesoffenbarung in der *bildenden Kunst*; kein anderes biblisches Buch wurde so oft und so ausführlich illustriert. Die ersten kunstvollen Illustrationen des Buches stammen aus dem 5. Jh. Zuweilen besonders prachtvolle Bilderhandschriften der Johannesapokalypse waren bald in ganz Süd- und Westeuropa verbreitet, wobei die Symbolik der Illustrationen häufig von erklärenden allegorischen Kommentierungen begleitet wurde. Als herausragende Zeugnisse der künstlerischen Deutung und Vermittlung des Buches sind zu nennen: die spätgotische Bildfolge *Albrecht Dürers* (1498), die polemischen antirömischen Illustrationen der Bibelübersetzung Martin Luthers durch *Lukas Cranach* (1522), aber auch der meisterhafte Lithographienzyklus *Max Beckmanns* (1941). Deutliche Bezugnahmen auf die Johannesoffenbarung finden sich schließlich in der Bauweise und Ausstattung vieler christlicher *Sakralbauten*, in denen die gegenwärtige Heilszusage und die zukünftige Heilsvollendung zugleich architektonisch erfahrbar gemacht wurden. Die hierbei besonders häufigen Bezugnahmen auf Apk 21 entsprechen einer verbreiteten Deutung des irdischen Kirchengebäudes als Abbild des himmlischen Jerusalem.

Verschiedene kommerzialisierte Subgenres der populären *Gegenwartsmusik* und Teile der *Jugendkultur* (z. B. Doom Metal; Gothic Metal; Dark Metal; Black Metal; Death Metal) variieren eine der apokalyptischen Tradition entnommene pessimistische Gegenwartswahrnehmung und das subjektive bzw. behauptete Lebensgefühl einer grundlegenden Bedrohung der Identität marginalisierter Gruppen durch ihre übermächtige Umwelt in identitätstiftender Absicht mittels der kreativen Übernahme der Bildwelt der neutestamentlichen Johannesoffenbarung. In der provokanten nonkonformistischen Attitüde der Punkbewegung (»No Future«) verschmelzen traditionelle Endzeitvorstellungen mit nihilistischen Grundgedanken. Auch die in zahlreichen erfolgreichen *Kinoproduktionen* der letzten Jahrzehnte (z. B. Armageddon; The Day after Tomorrow; Deep Impact; Independence Day; Melancholia; Das siebte Zeichen; Der Omega-Mann; Das Omen; The Stand; Terminator; 28 Days Later; No Country for Old Men) medial inszenierten Weltuntergänge greifen in eklektizistischer Weise immer wieder auf den Symbolkosmos des letzten Buches der christlichen Bibel und seine kirchlichen Auslegungstradition zurück.

Literatur

Böcher, Otto, Die Johannesapokalypse (EdF 41), Darmstadt [4]1998.

Ders., Johannesoffenbarung und Kirchenbau, Neukirchen-Vluyn / Ostfilden 2010.

Busse, Tanja, Weltuntergang als Erlebnis, Wiesbaden 2000.

Heininger Bernhard (Hg.), Mächtige Bilder. Zeit- und Wirkungsgeschichte der Johannesoffenbarung (SBS 225), Stuttgart 2011.

Kretschmar, Georg, Die Offenbarung des Johannes. Die Geschichte ihrer Auslegung im 1. Jahrtausend (CThM 9), Stuttgart 1985.

Martig, Charles, Filmische Apokalypsen. Wie das Kino dem Ende der Zeit entgegenfiebert, in: Herder Korrespondenz 54 (2000), 32–38.

Apokalyptik und religiöse Sondergemeinschaften

»Es ist eine gute Nachricht, dass Gott mit den falschen Religionen ins Gericht gehen wird. Die ganze Welt kann dann aufatmen. Nie wieder wird die Menschheit durch falsche Religionen irregeführt und entzweit. Alle, die dann leben, werden vereint den allein wahren Gott anbeten.«
Der Wachtturm, 1. Mai 2012, 17

Die apokalyptisch-eschatologische Vorstellungswelt und insbesondere das nahe Weltende sind bis heute ein Thema vieler religiöser Weltanschauungsgruppen und Sondergemeinschaften, von denen hier einige in beispielhafter Weise in groben Zügen vorgestellt werden. Zahlreiche Splittergruppen an den Rändern und außerhalb der großen christlichen Glaubensgemeinschaften zeichnen sich bis heute durch eine Neubelebung der traditionellen apokalyptischen Vorstellungswelt aus. Dabei begegnen immer wieder Glaubensinhalte und soziale Strukturen, die bereits die antike jüdische und frühchristliche Apokalyptik prägten. Zu beobachten sind oft eine akzentuierte Gruppenbildung dieser Gemeinschaften und ein Hang zur sozialen Isolation. Eine durchweg defizitäre Sicht auf die Geschichte und Gegenwart und der Glaube an ein in naher Zukunft drohendes katastrophisches Weltende bedingen eine permanente Entscheidungssituation und korrespondieren zugleich mit dem Selbstbewusstsein der sicheren eigenen Herausnahme aus diesem allgemeinen Unheilsgeschehen bzw. mit einem hieraus abgeleiteten religiösen Elitebewusstsein. Diese endzeitliche Welthaltung gründet in der Überzeugung, exklusive Zugänge zu verborgenen jenseitigen Offenbarungen zu besitzen, die entweder visionär übermittelt oder durch die einzig wahre – nämlich die eigene – Auslegung der Tradition erkannt werden.

Wo dabei in begründender Absicht die Bücher des Alten und Neuen Testaments herangezogen werden, geht es zumeist darum, die gegenwärtige Weltsituation mit ihrer Hilfe theologisch zu deuten und den gottgewollten Zusammenhang zwischen den aktuellen Zeitereignissen und dem zukünftigen Weltgeschehen zu demonstrieren. Der tatsächlich zeitgebundene Charakter der biblischen Bücher als Zeugnisse antiker Religion und Kultur wird dabei völlig ausgeblendet. Ihre Inhalte werden vielmehr im Sinne von *Vaticinia ex eventu* als beglaubigende vorzeitige Hinweise auf bereits geschehene, gegenwärtige und zukünftige Geschehnisse interpretiert. Hermeneutische Grundlagen dieser von Grund auf ahistorischen Bibelauslegung sind die Behauptung der buchstäblichen Unfehlbarkeit und Irrtumslosigkeit der Schrift aufgrund ihrer Verbalinspiration, aber auch die Überzeugung von der Existenz eines verborgenen und nur von Eingeweihten zu erhebenden Sinnüberschusses des eigentlichen Bibeltextes, der ausschließlich der eigenen Gemeinschaft enthüllt wurde. Dabei werden die herangezogenen, vermeintlich passsenden Bibelstellen zumeist wie aus einem literarischen Steinbruch völlig willkürlich ausgewählt. Wichtigstes Kriterium dieser Auswahl ist das spezifische Interesse an ihrem Potential zur Erhellung und perspektivischen Deutung der aktuellen Weltsituation.

Bereits die Selbstbezeichnung der um das Jahr 1830 gegründeten *Mormonen* als »Kirche Jesu Christi der Heiligen der Letzten Tage« bezeugt ihr von apokalyptischen Motiven getragenes religiöses Elitebewusstsein als gegenwärtige Regierungsform des kommenden Reiches Gottes auf Erden. Ihr religiöses Schrifttum, vor allem aber das als Inhalt einer göttlichen Offenbarung an den Visionär Joseph Smith (1805–1844) ausgewiesene Buch Mormon, enthält neben zahlreichen formalen und inhaltlichen Bezugnahmen auf das biblische Schrifttum, insbesondere auf die Johannesoffenbarung, eine Periodisierung der Weltgeschichte, zahlreiche *Vaticinia ex eventu* und die ausführlichen Schilderungen eines »celestialen« Reiches der Endzeit, in dem es am Ende sogar zu einer Apotheose (»Gottwerdung«) der Gerechten kommt.

Die während des ausgehenden 19. Jhs. entstandene und international agierende Gemeinschaft der *Zeugen Jehovas* deutet ihre eigene Situation und die ihrer Umwelt auf der Grundlage eines fundamentalistischen Verständnisses der christlichen Bibel in ihrer Relation zur eigenen apokalyptisch geprägten Naherwartung. Dies führte in der Vergangenheit mehrfach zur Fixierung von Parusieterminen (zuletzt 1975). In den Lehren der Zeugen Jehovas begegnen ein strenger Geschichtsdeterminismus und eine regressiv orientierte, optimistische Heilserwartung, die auf die vollkommene Umgestaltung dieser satanisch beherrschten geschichtlichen Welt und die Wiederherstellung des ursprünglichen paradiesischen Idealzustandes der (irdischen) neuen Welt hofft. Auch die dem kosmischen Endkampf gegen alle gottfeindlichen Mächte und der triumphalen Thronbesteigung Christi im Himmel (stattgefunden bereits im Jahre 1914) folgende Offenbarung der zukünftigen Heilsereignisse in seinem ewigen Königreich gilt zwar noch als verborgen, aber bereits als geschehen; nunmehr sei es an der Zeit, die Zeichen zu erkennen und sich ihrer zu vergewissern. Die individuelle Scheidung der gesamten Menschheit im drohenden Endgericht vollziehe sich bereits jetzt in der Bejahung oder Ablehnung dieser rettenden Botschaft. Während allein die eigene Gruppe Zutritt zum ewigen Paradies auf Erden erhält, werde ein furchtbares göttliches Strafhandeln über alle Außenstehenden hereinbrechen, an dessen Ende allerdings nicht ihre Bestrafung durch ewige Höllenqualen steht, sondern die ultimative Auslöschung ihrer Existenz.

Die im Jahre 1863 gegründete Kirche der *Siebenten-Tags-Adventisten* vertritt ebenfalls die Auffassung von einer baldigen Wiederkunft Christi und hofft auf eine Totenauferstehung der Gerechten, auf ihre Herrschaft während des Millenniums, auf eine dieser Zeitperiode folgende allgemeine Auferstehung und auf ein kommendes Gottesgericht. Auch hier wird das Schicksal der verurteilten Sünder nicht als Höllenstrafe, sondern als ihre endgültige Auslöschung vorgestellt. Gemäß den Lehren der im Jahre 1897 gegründeten und in Deutschland mitgliederstarken *Neuapostolischen Kirche* werden nur die eigenen versiegelten Apostel zu exklusiven Zeugen der nahen Parusie. Die unmittelbar bevorstehende Wiederkunft Christi noch zu seinen Lebzeiten verkündete der amtierende Stammapostel Johann Gottfried Bischoff (1871 – 1960) im Jahre 1951. Eine eigenwillige Form der Rezeption apokalyptischer Ideen und ihrer Integration in eine Art präsentischer Eschatologie unternahm auch Mary Baker Eddy (1821 – 1910), die Gründerin der im Jahre 1879 ins Leben gerufenen *Christlichen Wissenschaft.*

Die in Korea im Jahre 1954 von Sun Myung Moon (geb. 1920) ins Leben gerufene und bald auch in Europa und Nordamerika missionarisch auftretende *Vereinigungskirche* hofft auf die Wiederkunft Christi als entscheidende Voraussetzung für eine endzeitliche Wiederherstellung der ursprünglichen heilen Welt und für die allgemeine Ermöglichung einer Existenzweise, wie sie vor dem Sündenfall Adams noch möglich war. Die von der »Prophetin und Botschafterin Gottes« Gabriele Wittek aus Würzburg (geb. 1933) angeführte aktive Bewegung *Universelles Leben* orientiert sich an den visionären Offenbarungsempfängen ihrer Gründerin über den bevorstehenden Weltuntergang und ihren Enthüllungen über den Ablauf der in der Johannesoffenbarung symbolisch verschlüsselten Endereignisse.

Eine überaus bedrohliche Bedeutung bekam die Aufnahme apokalyptischen Gedankengutes in der Ideologie destruktiver Kulte wie des im Jahre 1956 von James W. Jones gegründeten *Volkstempels*, dessen Mitglieder am 18. November 1977 in Jonestown, Guyana, einer kollektiven Selbsttötung zum Opfer fielen, der seit ca. 1970 in Frankreich bestehenden Gemeinschaft der *Sonnentempler*, die im Jahre 1994 dem drohenden Weltuntergang durch ihre vorauseilende Selbsttötung und den damit einhergehenden Wechsel auf eine andere Daseinsebene im Sternbild des Sirius zu entgehen versuchten, und auch der in Nordamerika immer noch in zurückgezogenen Kolonien lebenden *Kinder Gottes*, deren umstrittener Anführer David Berg (1919 – 1994) den in der Johannesoffenbarung dargestellten Ablauf der letzten Dinge als in unmittelbarer Zukunft bevorstehend (als Endtermin zuletzt 1993) verkündete.

Die Bedeutung der Apokalyptik in der Gegenwart

> *»Im Zeichen des drohenden Endes grenzt die Bitte um das Kommen des Gottesreiches mit ihrer Hoffnung selbst an das Absurde. Zu ihr bedarf es des Mutes. Dieses Mutes aber bedürfen wir heute mehr denn je.«* Ulrich H.J. Körtner, Weltangst und Weltende, 393

Im metaphorischen umgangssprachlichen Gebrauch und in der gängigen Verwendung des Ausdrucks »Apokalypse« in weiten Teilen der kulturellen, gesellschaftlichen und politischen Diskurse der Gegenwart zeigt sich eine durchgehende und tiefgreifende Säkularisierung der jüdischen und christlichen Eschatologie. Das Weltende wird hierbei der Verfügung Gottes entzogen und in die Verfügungsgewalt der Menschheit gestellt. Diese massiv verfremdende Wahrnehmung des Apokalypsebegriffs und der mit ihm verbundenen Motivik speist sich unbeschadet ihrer wesenhaft areligiösen Verwendung vor allem aus der biblischen und außerbiblischen, jüdischen und christlichen religiösen Tradition und deren Wirkungsgeschichte. Die Wahrnehmung der Zukunft als Erwartungszeitraum durch den gesellschaftlichen Fortschrittsglauben und die wirtschaftliche Globalisierung lässt sich in die Kategorien der apokalyptischen Vorstellungswelt einordnen. Auch das Motivrepertoire moderner Weltuntergangsvorstellungen greift immer wieder auf traditionelle apokalyptisch-eschatologische Bilder zurück. Eine verbreitete Fortschrittsskepsis deutet die ferne Vergangenheit als Zustand der idealen Ordnung und der Fülle. Science-Fiction-Fernsehserien wie Terra Nova dramatisieren die Suche nach dieser Vergangenheit; Online-Rollenspiele wie Final Fantasy oder World of Warcraft ermöglichen den eskapistischen Rückzug in simulierte digitale Gegenwelten.

Dieser verbreitete Rückgriff auf die Apokalyptik und ihre Eschatologie ist nicht funktionslos. Die eigentlichen Auslöser der krisenhaften Angst vor dem endgültigen Ende der Menschheit und der bewohnbaren Welt sind pessimistische Zeitdiagnosen auf der Grundlage subjektiv empfundener und realer Bedrohungen der Weltbevölkerung und globaler Katastrophen wie beispielsweise Umweltproblemen, Hungersnöten, Seuchen, Kriegen, Terrorismus oder den Risiken des unkontrollierbaren Gebrauchs und des militärischen Einsatzes der Nukleartechnik. Unter Zuhilfenahme der apokalyptischen Verstellungswelt erhalten diese im eigenen Lebenskontext tatsächlich kaum zu greifenden, aber dennoch latent empfundenen Bedrohungen und Krisen eine symbolische Darstellung; sie werden hierdurch erst fassbar und lassen sich ihrer Bewältigung zuführen. Zugleich bedeutet die apokalyptische Wahrnehmung der Synchronie zwischen der eigenen begrenzten Lebenszeit und der begrenzten Zeit der aktuell ihrem Ende entgegengehenden Weltgeschichte eine sinnstiftende Aufwertung der eigenen gefährdeten, prekären und ohnmächtigen Existenz, denn der entscheidende und endgültige Wendepunkt des Weltlaufs überschneidet sich nunmehr mit dem eigenen individuellen Lebensweg.

Der Unterschied des spezifisch christlichen Gebrauchs des Apokalyptikbegriffs gegenüber der skizzierten umgangssprachlichen und säkularen Benutzung besteht nun darin, dass letztere Verwendung die Geschichte der transzendenzlosen Welt in regressiver Weise als einen fortwährenden Abstieg weg von ihrem durch maximale Fülle gekennzeichneten Ursprung hin zu ihrem krisenhaften und katastrophalen Schlusspunkt begreift, während die erstere Verwendung prinzipiell an seiner Heilskomponente festhält und das erwartete Ende dieser Welt nicht als ihren finalen Untergang deutet, sondern als einen Wendepunkt und Übergang in eine neue Welt des Heils und der Fülle, die in der christlichen Existenz bereits in die Gegenwart hineinragt. Während der kupierten säkularen Apokalyptik demnach keine wie auch immer geartete Hoffnung auf Erlösung innewohnt, enthält die christliche Apokalyptik einen leistungsfähigen Ansatz zur Überwindung der menschlichen Weltangst in einer bedrängenden Gegenwartssituation durch einen übergreifenden sinnstiftenden Hoffnungsentwurf.

Apokalyptik und Islam

»O meine Diener, keine Furcht kommt auf euch an jenem Tage, und nicht sollen traurig sein, die da glauben an unsere Zeichen und Muslime sind: ›Tretet ein ins Paradies ihr und eure Gattinnen, in Freuden!‹ Kreisen werden unter ihnen Schüsseln und Becher von Gold, enthaltend, was die Seelen ersehnen und die Augen ergötzt. ›Und ewig sollt ihr darinnen verweilen, denn das ist das Paradies, das euch zum Erbe gegeben wurde für euer Tun.‹« Koran, Sure 43,68 ff.

Wenngleich zum gängigen Fundus der medial vermittelten antiislamischen Polemik auch der Vorwurf der angeblichen hohen Bedeutung apokalyptisch-eschatologischer Erwartungshaltungen für die Motivation terroristischer Aktionen wie der Selbstmordattentate des 11. Septembers 2001 gehört, bietet der *Koran* in Wirklichkeit weder eine stringente und systematisierte Eschatologie noch eine ausgeführte und zusammenhängende Darstellung apokalyptischer Vorstellungen. Zwar wird der Glaube an das (nicht terminierte) Kommen des Jüngsten Tages in der heiligen Schrift des Islams durchaus als heilsnotwendig bezeichnet (Sure 4) und findet sich immer wieder apokalyptisch-eschatologisches Gedankengut wie z.B. die Naherwartung (Sure 54), die katastrophalen kosmischen Umwälzungen der Endzeit (Sure 81 f.), die Auferstehung der Toten (Sure 22 f.; 75), das vergeltende Gericht (Sure 43; 107), das Höllenfeuer (Sure 13; 74) und das Paradies (Sure 43; 55), doch wurden diese Motive durchweg in unsystematischer Weise und nur punktuell aus dem älteren Bildinventar der jüdischen und christlichen Tradition übernommen und in eindrucksvoller Sprache neu kontextualisiert. Insbesondere die Vorstellung von den beiden Völkern Gog und Magog als endzeitlichen Helfern des Teufels (Sure 18), die deutlich erkennbar Apk 20,18 aufnimmt, oder das Bild der zum endzeitlichen Vergeltungsgericht rufenden Trompeten (Sure 39), das ganz offensichtlich Apk 8,7 ff. rezipiert, verraten eine enge traditionsgeschichtliche Abhängigkeit von der Überlieferung der antiken jüdischen und der frühchristlichen Apokalyptik. Im Vordergrund steht im Koran jedoch durchweg der – grundsätzlich unapokalyptische – Kausalzusammenhang vom gegenwärtigem Tun des Menschen und seinem zukünftigen Ergehen. Allein der radikale und militante *Islamismus* trägt in religionssoziologischer Hinsicht Züge einer verschärften apokalyptischen Weltdeutung. Diese (prinzipiell innerhistorische) Weltdeutung ist jedoch keinesfalls bereits im grundlegenden Glaubensdokument des Islams angelegt.

Literatur

Körtner, Ulrich H. J., Weltangst und Weltende, Göttingen 1988.

8

Apokalyptik als Thema im christlichen Religionsunterricht

Seit dem 17. Jh. begegnen katechetisch motivierte Ausschnitte und Kurzfassungen der neutestamentlichen Johannesoffenbarung in zahlreichen Kinderbibeln. In der Lebenswelt moderner Jugendkulturen sind Symbole aus der jüdischen und christlichen apokalyptischen Tradition allgegenwärtig. Als wichtigste Berührungspunkte der Kinder und Jugendlichen mit solchen entkontextualisierten apokalyptischen (insbesondere apokalyptisch-eschatologischen) Vorstellungen sind weniger religiöse Handlungsvollzüge als informative und unterhaltende Medien zu nennen. Dabei überwiegt die Wahrnehmung von unterschiedlichen Artikulationsformen einer kupierten Apokalyptik, deren Eschatologie den drohenden Weltuntergang als endgültiges Ende der Menschheit oder der bewohnbaren Erde darstellt.

Im erkennbar lebhaften Interesse vieler Schülerinnen und Schüler an der medial vermittelten apokalyptisch-eschatologischen Bilderwelt und insbesondere an Weltuntergangsszenarien liegen interessante Ansatzmöglichkeiten für eine Behandlung des Themas im christlichen Religionsunterricht. Eine solche didaktische Applikation der Apokalyptik und ihrer Vorstellungswelt vermag an eine ganze Reihe von kognitiven und affektiven Bedingungen und Prozessen anzuknüpfen. So ist beispielsweise der entwicklungspsychologische Abschnitt der Pubertät gekennzeichnet von den Krisenstimmungen einer Umbruchsituation, in der sich Selbständigkeits- und Machtbedürfnisse mit gleichzeitigen Abhängigkeits- und Ohnmachtserfahrungen überschneiden. Zugleich wird die unsichere eigene Zukunft während dieser Entwicklungsphase zu einem wichtigen und genuinen Leitthema persönlicher Ängste und Hoffnungen. Themen der apokalyptischen Literatur wie Gerechtigkeit, Verantwortung und Vergeltung, Kritik an den bestehenden Verhältnissen, Verfolgung, Unterdrückung und Widerstand, Befreiung und Erlösung bieten hier interessante Ansatzpunkte für eine reflektierende Erschließung der eigenen Lebenswelt und für die Gewinnung eigener Handlungsgrundlagen.

Grundlegend ist im schulischen Religionsunterricht zu vermitteln, dass weder die neutestamentliche Johannesoffenbarung noch andere literarische Apokalypsen einen »Fahrplan« der zukünftigen Endereignisse intendieren, sondern ihre antiken Leser in einer bestimmten Situation trösten, begeistern, erbauen, bestätigen oder ermahnen wollten. Auf der anderen Seite ist aber auch eine verharmlosende und rationalisierende Reduktion der apokalyptischen Vorstellungswelt auf ein fremdes antikes System absurder Phantasien und irrealer Schreckensszenarien verfehlt. Obgleich die entwickelte Fähigkeit der Schülerinnen und Schüler, die eigentliche Bedeutung eines apokalyptischen Textes unabhängig von seiner narrativen Oberflächengestalt wahrzunehmen, eine notwendige Voraussetzung für die Beschäftigung mit seiner zeitgebundenen ursprünglichen Bedeutung und Aussageabsicht ist, greift seine rein historisierend-objektivierende Auslegung im Religionsunterricht deshalb zu kurz, denn sie blendet die wesenhaft anthropologische Bedeutung der Apokalyptik aus. Als Lernziele und zu vermittelnde Kompetenzen wären vor diesem Hintergrund zunächst die Bewusstwerdung der Bedeutung der Apokalyptik als einem zentralen Element der christlichen Bekenntnisbildung, die Wahrnehmung des grundsätzlichen Hoffnungspotentials der christlichen apokalyptischen Tradition und der Defizienz einer kupierter Apokalyptik sowie die Immunisierung gegenüber manipulativen Instrumentalisierungen apokalyptisch-eschatologischer Hoffnungen und Ängste durch destruktive religiöse Weltanschauungsgruppen zu nennen. Von ebenso hoher Bedeutung sind jedoch auch die angstlösende Sensibilisierung für die Vorläufigkeit der eigenen Geschichte und Gegenwart und für die gleichzeitige Notwendigkeit einer aktiven und verantworteten christlichen Gestaltung der individuellen und der gemeinsamen Zukunft.

Literatur

Leutzsch, Martin, Didaktik der Apokalypse, in: Dressler, Bernhard / Schroeter-Wittke, Harald (Hg.), Religionspädagogischer Kommentar zur Bibel, Leipzig 2012, 634-648.

Polak, Regina, Apokalyptik – ein Thema für Jugendliche?, in: GlLern 14 (1999), 47-62.

Anhang

Bibliographie

Bibliographische Abkürzungen richten sich nach dem Abkürzungsverzeichnis von Müller, Gerhard et al. (Hg.), TRE (Berlin [2]1992) und, wo dort nicht aufgeführt, nach dem Abkürzungsverzeichnis von Betz, Hans D. et al. (Hg.), RGG[4] (Tübingen 1998).

Zu Kapitel 1

Christophersen, Alf, Die Begründung der Apokalyptikforschung durch Friedrich Lücke, in: KuD 47 (2001), 158–179.

Erlemann, Kurt, Endzeiterwartungen im frühen Christentum, Tübingen / Basel 1996.

Koenen, Klaus / Kühschelm, Roman, Zeitenwende (NEB Themen 2), Würzburg 1999.

Schmidt, Johann M., Die jüdische Apokalyptik. Die Geschichte ihrer Erforschung von den Anfängen bis zu den Textfunden von Qumran, Neukirchen-Vluyn [2]1976.

Schmithals, Walter, Die Apokalyptik. Einführung und Deutung, Göttingen 1982.

Sommer, Wolfgang (Hg.), Zeitenwende – Zeitenende. Beiträge zur Apokalyptik und Eschatologie (Theologische Akzente 2), Stuttgart u. a. 1997.

Zager, Werner, Begriff und Wertung der Apokalyptik in der neutestamentlichen Forschung (EHS.Th 358), Frankfurt / Main u. a. 1989 (insb. 21–40).

Zu Kapitel 2

Bidez, Joseph / Cumont, Franz, Les Mages Hellénisés: Zoroastre Ostanès et Hystaspe d'après la tradition grecque, 2 Bde., Paris 1938.

Biesterfeld, Wolfgang, Der platonische Mythos des Er (Politeia 614 b–621 d): Versuch einer Interpretation und Studien zum Problem östlicher Parallelen, Diss. Münster 1969.

Blasius, Andreas / Schipper, Bernd U. (Hg.), Apokalyptik und Ägypten (OLA 107), Leuven u. a. 2002.

Büchner, Karl, Somnium Scipionis. Quelle – Gestalt – Sinn (Hermes. E 36), Wiesbaden 1976.

Koenen, Ludwig, Die Prophezeiungen des Töpfers, in: ZPE 2 (1968), 178–209.

Preuß, Horst D., Eschatologie im Alten Testament (WdF 480), Darmstadt 1978.

von Rad, Gerhard, Weisheit in Israel, München [3]1985, 337–363.

Schimanowski, Gottfried, Weisheit und Messias. Die jüdischen Voraussetzungen der urchristlichen Präexistenzchristologie (WUNT II 17), Tübingen 1985.

Wills, Lawrence M. / Wright, Benjamin G. (Hg.), Conflicted Boundaries in Wisdom and Apocalypticism (SBL Symposium Series 35), Atlanta, Ga. 2005.

Windisch, Hans, Die Orakel des Hystaspes (VAW.L 28,3), Amsterdam 1929.

Zauzich, Karl-Theodor, Der Schreiber der Weissagung des Lammes, in: Enchoria 6 (1976), 127–128.

Zu Kapitel 3

Fabry, Heinz-Josef, Die apokalyptische Literatur als Reaktion auf Fremdherrschaft, in: Kollmann, Bernd (Hg.), Antikes Judentum und frühes Christentum (BZNW 97), Berlin / New York 1999, 84–98.

Hoffmann, Heinrich, Das Gesetz in der frühjüdischen Apokalyptik (StUNT 23), Göttingen 1999.

Müller, Karlheinz, Studien zur frühjüdischen Apokalyptik (SBA 11), Stuttgart 1991.

Münchow, Christoph, Ethik und Eschatologie. Ein Beitrag zum Verständnis der frühjüdischen Apokalyptik mit einem Ausblick auf das neue Testament, Göttingen 1981.

Portier-Young, Anathea E., Apocalypse against Empire. Theologies of Resistance in Early Judaism, Grand Rapids, Mi. / Cambridge 2011.

Sacchi, Paolo, Jewish Apocalypticism and its History (JSP 20), Sheffield 1990.

Zu Kapitel 4

Brandenburger, Egon, Gerichtskonzeptionen im Urchristentum und ihre Voraussetzungen, in: Ders., Studien zur Geschichte und Theologie des Urchristentums (SBA 15), Stuttgart 1993, 298–338.

Frenschkowski, Marco, Utopia and Apocalypsis. The Case of the Golden City, in: Labahn, Michael / Lehtipuu Outi (Hg.), Imagery in the Book of Revelation, Leuven 2011 (CBThE 60), 29–41.

Frenschkowski, Marco, Vision als Imagination, in: Hömke, Nicola / Baumbach, Manuel (Hg.), Fremde Wirklichkeiten (Kalliope 6), Heidelberg 2006, 339–366.

Hahn, Ferdinand, Frühjüdische und urchristliche Apokalyptik (BThS 36), Neukirchen-Vluyn 1998.

Löning, Karl, Das Frühjudentum als religionsgeschichtlicher Kontext des Neuen Testaments, in: Frankemölle, Hubert (Hg.), Lebendige Welt Jesu und des Neuen Testaments, Freiburg i. Br. u. a. 2000, 48–68 (hier: 56–59).

Oegema, Gerbern S., Zwischen Hoffnung und Gericht. Untersuchungen zur Rezeption der Apokalyptik im frühen Christentum und Judentum (WMANT 82), Neukirchen-Vluyn 1999.

Oegema, Gerbern S., Apokalypsen (JSHRZ VI 1,5), Gütersloh 2001.

Zu Kapitel 5

Albani, Matthias, Astronomie und Schöpfungsglaube. Untersuchungen zum astronomischen Henochbuch (WMANT 68), Neukirchen-Vluyn 1994.

Becker, Jürgen, Die Testamente der zwölf Patriarchen (JSHRZ III / 1), Gütersloh 1974.

Berger, Klaus, Das Buch der Jubiläen (JSHRZ II / 3), Gütersloh 1981.

Berger, Klaus, Synopse des Vierten Buches Esra und der syrischen Baruch-Apokalypse (TANZ 8), Tübingen / Basel 1992.

Brandenburger, Egon, Himmelfahrt Moses (JSHRZ V / 2), Gütersloh 1976.

Brandenburger, Egon, Die Verborgenheit Gottes im Weltgeschehen (AThANT 68), Zürich 1981.

Diebner, Bern Jörg, Zephanjas Apokalypsen (JSHRZ V / 9), Gütersloh 2003.

Eckart, Karl-Gottfried, Das Apokryphon Ezechiel (JSHRZ V / 1), Gütersloh 1974.

Gauger, Jörg-Dieter, Sibyllinische Weissagungen, Düsseldorf 1998.

Gruenwald, Ithamar, Apocalyptic and Merkavah Mysticism (AGJU 14), Leiden u. a. 1980.

Hage, Wolfgang, Die griechische Baruch-Apokalypse (JSHRZ V / 1), Gütersloh 1974.

Henze, Matthias, Jewish Apocalypticism in Late First Century Israel (TSAJ 142), Tübingen 2011.

Klijn, Albertus Frederik J., Die syrische Baruch-Apokalypse (JSHRZ V / 2), Gütersloh 1976.

Klijn, Albertus Frederik J., Die Esra-Apokalypse (4. Esra), Berlin / New York 2011.

Knibb, Michael A., The Septuagint and Messianism (BEThL 195), Leuven 2004.

Koch, Klaus, Die Reiche der Welt und der kommende Menschensohn. Studien zum Danielbuch, Neukirchen-Vluyn 1995.

Kratz, Reinhard G., Translatio imperii (WMANT 63), Neukirchen-Vluyn 1991.

Merkel, Helmut, Sibyllinen (JSHRZ V / 8), Gütersloh 1998.

Philonenko-Sayar, Belkis / Philonenko, Marc, Die Apokalypse Abrahams (JSHRZ V / 5), Gütersloh 1982.

Schäfer, Peter, Hekhalot-Studien (TSAJ 19), Tübingen 1988.

Schreiner, Josef, Das 4. Buch Esra (JSHRZ V / 4), Gütersloh 1981.

Schubert, Friedemann, Tradition und Erneuerung. Studien zum Jubiläenbuch und seinem Trägerkreis (EHS.G 771), Frankfurt / Main u. a. 1998.

Stemberger, Günter, Das Fortleben der Apokalyptik in der rabbinischen Literatur, in: Ders., Judaica Minora II (TSAJ 138), Tübingen 2010, 290 – 298.

Tilly, Michael, Einführung in die Septuaginta, Darmstadt 2005, 76 f.

Uhlig, Siegbert, Das äthiopische Henochbuch (JSHRZ V / 6), Gütersloh 1984.

Zu Kapitel 6

Baarlink, Heinrich, Die Eschatologie der synoptischen Evangelien (BWANT 120), Stuttgart u. a. 1986.

Baumgarten, Jörg, Paulus und die Apokalyptik (WMANT 44), Neukirchen-Vluyn 1975.

Becker, Jürgen, Erwägungen zur apokalyptischen Tradition in der paulinischen Theologie, in: EvTh 30 (1970), 593–606.

Brandenburger, Egon, Markus 13 und die Apokalyptik (FRLANT 134), Göttingen 1984.

Bremmer, Jan N. / Czachesz, István, The Visio Pauli and the Gnostic Apocalypse of Paul (Studies on Early Christian Apocrypha 9), Leuven 2007.

Erlemann, Kurt, Naherwartung und Parusieverzögerung im Neuen Testament (TANZ 17), Tübingen / Basel 1995.

Frey, Jörg, Die johanneische Eschatologie, 3 Bde. (WUNT 96.110.117), Tübingen 1997–2000.

Hage, Wolfgang, Die griechische Baruch-Apokalypse (JSHRZ V / 1), Gütersloh 1974, 15–44.

Hellholm, David, Das Visionenbuch des Hermas als Apokalypse (CB.NT 13), Lund 1980.

Hengel, Martin, Paulus und die frühchristliche Apokalyptik, in: Ders., Kleine Schriften 3 (WUNT 141), Tübingen 2002, 302–417.

Hennecke, Edgar (Hg.), Apokryphe Apokalypsen, Wiesbaden 2007.

Henze, Matthias, The Syriac Apocalypse of Daniel. Introduction, Text, and Commentary (STAC 11), Tübingen 2001.

Jiroušková, Lenka, Die Visio Pauli. Wege und Wandlungen einer orientalischen Apokryphe im lateinischen Mittelalter unter Einschluss der alttschechischen und deutschsprachigen Textzeugen (MLST 34), Leiden u. a. 2006.

Knoch, Otto, Eigenart und Bedeutung der Eschatologie im theologischen Aufriss des ersten Clemensbriefes (Theoph. 17), Bonn 1964.

Kowalski, Beate, Prophetie und die Offenbarung des Johannes?, in: Verheyden, Joseph u. a. (Hg.), Prophets and Prophecy in Jewish and Early Christian Literature (WUNT II 286), Tübingen 2010, 253–293.

Kraus, Thomas J., Die griechische Petrus-Apokalypse und ihre Relation zu ausgewählten Überlieferungsträgern apokalyptischer Stoffe, in: Apocrypha 14 (2003), 73–98.

Kraus, Thomas J. / Nicklas, Tobias, Das Petrusevangelium und die Petrusapokalypse (GCS.NF 11), Berlin / New York 2004, 79–138.

Metzger, Paul, Katechon. II Thess 2,1-12 im Horizont apokalyptischen Denkens (BZNW 135), Berlin / New York 2005.

Müller, Ulrich B., Die Offenbarung des Johannes (ÖTK 19), Gütersloh 1984.

Nicklas, Tobias, Die apokryphe Thomasapokalypse und ihre Rezeption der Offenbarung des Johannes, in: Frey, Jörg u.a. (Hg.), Die Johannesapokalypse: Kontexte und Konzepte (WUNT 287), Tübingen 2012, 683–708.

Satake, Akira, Die Offenbarung des Johannes (KEK XVI), Göttingen 2008.

Schade, Hans-Heinrich, Apokalyptische Christologie bei Paulus (GTA 18), Göttingen [2]1984.

Schipper, Bernd U. / Plasger, Georg (Hg.), Apokalyptik und kein Ende? (BThS 29), Göttingen 2007.

Seeliger, Hans Reinhard, Considerations on the background and purpose of the apocalyptic conclusion of the Didache, in: Draper, Jonathan A. (Hg.),The Didache in Modern Research (AGJU 37), Leiden u.a. 1996, 373–382.

Watson, Duane Frederick (Hg.), The Intertexture of Apocalyptic Discourse in the New Testament (SBL Symposium Series 14), Atlanta, Ga. 2002.

Wendebourg, Nicola, Der Tag des Herrn (WMANT 96), Neukirchen-Vluyn 2003.

Wolter, Michael, Apokalyptik als Redeform im Neuen Testament, in: NTS 51 (2005), 171–191.

Vielhauer, Philipp / Strecker, Georg, Apokalyptik des Urchristentums, Einleitung; in: Schneemelcher, Wilhelm (Hg.), Neutestamentliche Apokryphen in deutscher Übersetzung. II. Band, Tübingen [6]1999, 491–679 (enthält die wichtigsten altkirchlichen Apokalypsen in deutscher Übersetzung).

Zu Kapitel 7

Brown, Stephen u.a. (Hg.), Marketing Apocalypse, London 1996.

Fried, Johannes, Aufstieg aus dem Untergang. Apokalyptisches Denken und die Entstehung der modernen Naturwissenschaft im Mittelalter, München 2001

Carozzi, Claude, Weltuntergang und Seelenheil. Apokalyptische Visionen im Mittelalter, Frankfurt / Main 1996.

Filiu, Jean-Pierre, Apocalypse in Islam, Berkeley, ca. u.a. 2011.

Gasper, Hans, Endzeitfieber. Apokalyptiker, Untergangspropheten, Endzeitsekten, Freiburg i.Br. u.a. 1997.

Gradl, Hans Georg u.a. (Hg.), Am Ende der Tage. Apokalyptische Bilder in Bibel, Kunst, Musik und Literatur, Regensburg 2011.

Grüter, Thomas, Faszination Apokalypse. Mythen und Theorien vom Untergang der Welt, Frankfurt / Main 2011.

Nagel, Alexander K. u.a. (Hg.), Apokalypse. Zur Soziologie und Geschichte religiöser Krisenrhetorik, Frankfurt / Main 2008.

Oberman, Heiko A., Luther: Mensch zwischen Gott und Teufel, Berlin [3]1987.

Olrik, Axel, Ragnarök. Die Sagen vom Weltuntergang. Berlin, Leipzig 1922.

Schwarte, Karl-Heinz, Art. Apokalypsen V. Alte Kirche, in: TRE 3 (1978), 257–275.

Thiede, Werner, Die Johannes-Apokalypse in der Deutung christlicher Sekten (EZW-Texte Information 130), Stuttgart / Berlin 1996.

Vondung, Klaus, Die Apokalypse in Deutschland, München 1988.

Whalen, Brett E., Dominion of God. Christendom and Apocalypse in the Middle Ages, Cambridge u.a. 2009.

Glossar

Akrostichon: Versfolge, aus deren Anfangsbuchstaben sich ein Wort oder Satz ergibt

Apokryphen: »Verborgene« Schriften; Teil des antiken jüdischen religiösen Schrifttums

Chiliasmus: Griechische Entsprechung von → Millennarismus

Christologie: Lehre von der Identität und Bedeutung Jesu Christi

Christophanie: Erscheinung des auferstandenen Christus

Determinismus: Lehre vom festgelegten und unveränderlichen Geschichtsverlauf

Deuteronomismus: Lehre vom bewahrenden und strafenden Eingreifen Gottes in die Geschichte

Ekklesiologie: Lehre vom Wesen und von der Bedeutung der Kirche

Ekpyrosis: Endzeitlicher Weltenbrand als Voraussetzung der Neuschöpfung

Epiphanie: Visionäre Erscheinung; Selbstoffenbarung der Gottheit

Eschatologie: Lehre von den letzten Dingen (Tod, Auferstehung, Endgericht usw.)

Esoterik: Exklusiv vermittelte Geheimlehre

Exorzismus: Praxis der Austreibung gottfeindlicher dämonischer Mächte

Halacha: Regelnder Teil der jüdischen (insb. → rabbinischen) Tradition

Haggada: Erzählender Teil der jüdischen (insb. → rabbinischen) Tradition

Hasmonäer: Jüdische Herrscherdynastie in Jerusalem (2.–1. Jh. v. Chr.)

Hellenismus: Prägender Einfluss des Griechentums im antiken Mittelmeerraum

Immanenz: Sinnlicher Wahrnehmungsbereich des Menschen

Intertextualität: Literarischer Zusammenhang eines Geflechts von Texten

Kerygma: Wesentlicher Inhalt der christlichen Glaubensverkündigung

Kontingenz: Unverfügbare Zufälligkeit des zukünftigen Geschehens

Makkabäer: Familie u. Gefolgsleute des Judas Makkabäus; Ahnherren der → Hasmonäer

Midrasch: Form und Inhalt jüdischer (insb. → rabbinischer) Schriftauslegung

Mischna: Verschrifteter Lehrstoff der rabbin. Schulen Palästinas bis zum 3. Jh. n. Chr.

Millennarismus: Lehre vom tausendjährigen Friedensreich der Endzeit

Monotheismus: Glaube an die Existenz eines einzigen Gottes
Montanismus: Enthusiastische Bewegung am Rand des frühen Christentums
Mythos: Identitätstiftende und weltdeutende religiöse Erzählung
Paränese: Religiös-sittliche Ermahnung zu rechtem Verhalten
Palingenesia: Neuschöpfung des Menschen oder der Welt
Parusie: Wiederkunft des auferstandenen Christus zum Endgericht
Perlokution: Beabsichtigte Folge eines Sprechaktes
Protologie: Lehre von der gottgewirkten Entstehung aller Dinge
Pseudepigraphen: Teil des antiken jüdischen religiösen Schrifttums (→ Pseudepigraphie)
Pseudepigraphie: Literarische Inanspruchnahme einer Autorität als Verfasser einer Schrift
Ptolemäer: Ägyptische Herrscherdynastie (4.–1. Jh. v. Chr.)
Rabbinen: Angehörige eines spätantiken Netzwerkes jüdischer Toragelehrter
Säkularisierung: Verweltlichung des Denkens, insb. seit der Epoche der Aufklärung
Seleukiden: Syrische Herrscherdynastie (4.–1. Jh. v. Chr.)
Septuaginta: Antike griechische Übersetzung der jüdischen heiligen Schriften
Soteriologie: Lehre von der Erlösung
Talmud: Verschrifteter Lehrstoff der → rabbinischen Schulen bis zum 8. Jh. n. Chr.
Teleologie: Orientierung auf einen bestimmten Zielzustand der Geschichte
Theodizee: Rechtfertigung Gottes angesichts des Übels in der Welt
Theokratie: Gottesherrschaft als legitimierender Grund weltlicher Gewalt
Tora: Fünf Bücher Moses, jüdisches Religionsgesetz
Tosefta: Verschriftete Parallelüberlieferung zur → Mischna
Transzendenz: Überschreitung des sinnlichen Wahrnehmungsbereiches des Menschen
Typologie: Begründung künftigen Geschehens in der bisherigen Heilsgeschichte
Vaticinium ex eventu: Literarische Gestaltung der Vergangenheit als künftiges Geschehen
Verbalinspiration: Idee von der Gottgewirktheit des gesamten Wortlautes der Bibel
Zion: Tempelberg in Jerusalem und Synonym für den Wohnsitz JHWHs

Sachregister